U0146351

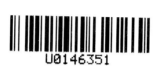

過年寫春聯

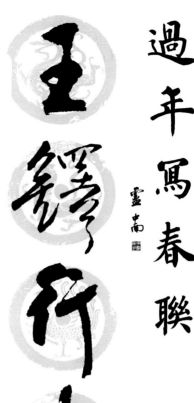

盧中南

王鐸行書

罗锡清 编

河南美术出版社
·郑州·

图书在版编目（CIP）数据

过年写春联．王铎行书 / 罗锡清编．— 郑州：河南美术出版社，2022.10

ISBN 978-7-5401-5951-1

Ⅰ．①过… Ⅱ．①罗… Ⅲ．①行书－碑帖－中国－清代 Ⅳ．① J292.2

中国版本图书馆 CIP 数据核字（2022）第 160865 号

过年写春联　王铎行书

罗锡清　编

出 版 人　李　勇
责任编辑　庞　迪
责任校对　裴阳月
装帧设计　庞　迪
制　　作　张国友
出版发行　河南美术出版社
　　　　　地址：郑州市郑东新区祥盛街 27 号
　　　　　邮编：450016
　　　　　电话：(0371) 65788152
印　　刷　郑州印之星印务有限公司
开　　本　787 毫米 ×1092 毫米　1/16
印　　张　6
字　　数　75 千字
版　　次　2022 年 10 月第 1 版
印　　次　2022 年 10 月第 1 次印刷
书　　号　ISBN 978-7-5401-5951-1
定　　价　25.00 元

如有印刷质量问题，请联系印刷厂调换。

关于春联

春联也叫“门对”“春贴”“对联”“对子”。它以工整、对偶、简洁、精巧的文字描绘时代背景，抒发美好愿望，是我国特有的一种文学形式。每逢春节，无论城市还是农村，家家户户都要精选一副大红春联贴于门上，为节日增加喜庆气氛。

中国最早的春联相传出自五代后蜀国君孟昶。《宋史·西蜀孟氏》记载：“（孟昶）每岁除，命学士为词，题桃符，置寝门左右。末年，学士幸寅逊撰词，昶以其非工，自命笔题云：‘新年纳余庆，嘉节号长春’。”大意是：新年享受着先代的遗泽，佳节预示着春意常在。这就是春联的雏形。

过年贴春联的民俗起源于宋代，并在明代开始盛行。据《簪云楼杂说》载，明太祖朱元璋酷爱对联，不仅自己挥毫书写，还常常鼓励臣下书写。有一年除夕，他传旨：“公卿士庶家，门上须加春联一副。”后太祖微服出巡，看见各家张贴的春联十分高兴。当他行至一户人家，见门上没有春联，便问何故。原来主人是个杀猪的，正愁找不到人写春联。朱元璋当即挥笔写下了一副内容为“双手劈开生死路，一刀割断是非根”的春联送给了这户人家。从这个故事中可以看出朱元璋对春联的大力提倡，也正是因为他的身体力行，才推动了春联的普及。

到了清代，春联的思想性和艺术性都有了很大提高。梁章钜所撰《楹联丛话》对楹联的起源及各门类作品的特色都一一做了论述，其中就专门提到春联。可见春联在当时已成为一种文学艺术形式。

常见的春联，根据其使用场所与位置的不同，可分为门心、框对、横批、春条、斗斤等。“门心”贴于门板上端中心部位；“框对”贴于左右两个门框上；“横批”贴于门楣的横木上；“春条”是根据不同的内容，贴于相应位置的单幅文字，如过年时在庭院里贴的“抬头见喜”“出入平安”“恭喜发财”等；“斗斤”，也叫“门叶”，为菱形，多贴在家具、单扇门或影壁上，春节时大家喜欢贴的“福”字，就属于“斗斤”。

春节贴“福”字，是我国民间由来已久的风俗。据《梦粱录》记载：“岁旦在迩，席铺百货，画门神桃符，迎春牌儿。”“士庶家不论大小家，俱洒扫门闾，去尘秽，净庭户，换门神，挂钟馗，钉桃符，贴春牌，祭祀祖宗。”文中的“春牌”即写在红纸上的“福”字，“福”字代表的是“幸福”“福气”“福运”。民间还有将“福”字精描细作成各种图案的，图案有寿星、寿桃、鲤鱼跳龙门、五谷丰登、龙凤呈祥等。春节贴“福”字，无论是现在还是过去，都寄托了人们对幸福生活的向往，也是对美好未来的祝愿。

俗话说：“一年之计在于春。”在人们的传统观念里，一年中有个好的开端是最惬意、最吉利的事。无论在过去的一年里有什么高兴、得意的事，还是有什么不如意的事，总是希望未来的一年过得更好。因此，在新春即将到来之时，贴春联恰好可以表达这种美好愿望。加之我国人民自古就有乐观向上的精神，寄希望于未来，祈盼未来自己会有好运。于是人们借助于春联表达对即将过去的一年的欣喜和幸福的心境，以及对新的一年的期盼与厚望。

民间有“腊月二十四，家家写大字”的说法，随着中国传统文化的复兴，过年写春联已经成为一种时尚。中国人过春节讲究喜庆、吉利、热闹，人们在春节期间吃好的、喝好的、穿新衣、放鞭炮、走亲访友等，这体现了人们对美好生活的向往，而写春联恰恰暗合了这一点。

本套图书共十六册，每册收录八十余副广大人民群众喜闻乐见的春联。我们邀请著名书法家杨华（楷书）、范彦奎（行书）、王应科（隶书）、陈泓凌（篆书）分别用四种字体精彩演绎，邀请鞠闻天（《张迁碑》）、范彦奎（米芾行书）、蒯奕池（王羲之行书、《曹全碑》）、杨德明（褚遂良楷书）、鲁凤华（欧阳询楷书）、刘善军（颜真卿楷书）、罗锡清（智永楷书、苏轼行书、赵孟頫楷书、赵孟頫行书、王铎行书）对不同字体分别进行精彩组合。希望这套书能为中国传统的春节文化增添一笔浓重的“中国红”。

杨　华

目录

44	财喜两旺家和睦 富贵双全人吉祥
45	福星高照全家福 春水长流遍地春
46	时和世泰春光艳 人寿年丰淑气新
47	东风浩荡四时泰 春日融和万象新
48	博学深思增智慧 更新除旧见精神
49	生意兴隆通四海 财源茂盛达三江
50	祖国江山千古秀 中华大地万年春
51	华夏处处皆丽日 神州户户尽春风
52	桃柳争催春烂漫 云霞长拥日光华
53	年丰物阜神州乐 风和日丽大地春
54	东风习习千丛绿 旭日彤彤万户春
55	瑞雪铺下丰收路 春风吹开幸福门
56	人寿年丰家家乐 国泰民安处处春
57	喜炮齐鸣迎春节 彩灯高照庆丰年
58	莺歌燕语春光好 水远山长幸福多
59	牛羊并壮猪盈圈 鸡鸭成群鱼满塘
60	福旺财旺运气旺 家兴人兴事业兴
61	风和日丽春常驻 人寿年丰福永存
62	风调雨顺天时好 物阜民丰国运昌
63	东成西就全家福 南通北达广生财
64	迎新春江山锦绣 辞旧岁事泰辉煌
65	春临玉树新枝发 日映华堂紫燕栖
66	春归华夏风云壮 佳岁平安福满堂
67	春归大地人间暖 福降神州喜临门
68	春风杨柳鸣金马 晴雪梅花照玉堂
69	春风堂上初来燕 细雨庭前新种花
70	春风惠我财源茂 旭日临门人寿康
71	春风得意财源广 和气致祥家业兴
72	春到堂前增瑞气 日临庭上起祥光
73	财运亨通全家乐 事业有成满堂春
74	财发如春多得意 福来似海正逢时
75	碧树红楼相掩映 黄牛骏马共迎春
76	爆竹冲天去报喜 飞花入户来拜年
77	百花争艳山河美 群鸟欢歌岁月甜
78	心羡河阳春似锦 胸吞云梦气如虹
79	一年好运随春到 四季彩云滚滚来
80	一夜东风苏万物 九天甘露润群生
81	海纳百川呈瑞彩 天开万里醉春风
82	五色祥云增景福 一轮红日放春光
83	红旗舞东风五湖似画 瑞雪兆丰年四海皆春
84	春风引紫气一元复始 大地发春华万物更新
85~90	出入平安 万事如意 春临大地 四季平安 福寿安康 百花争春 富贵平安 春来时至 一帆风顺 万事亨通 天随人意 辞旧迎新 吉祥门第 天地同春 吉庆盈门 春风入户 五云捧日 春满神州 普天同庆 江山如画 千祥云集 财源广进 瑞满神州 新春大吉 盛世祥光 风和日丽 运际升平 福寿光华 惠风和畅 纳福迎祥

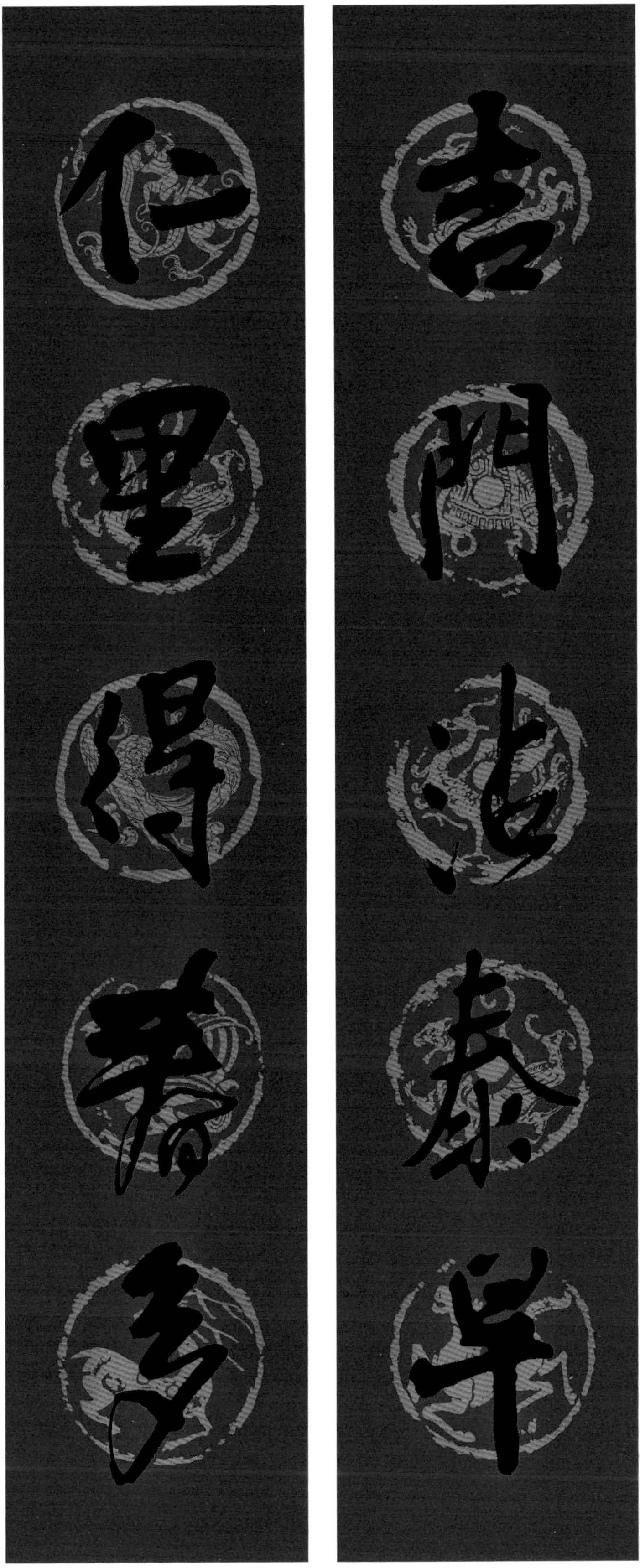

吉门沾泰早
仁里得春多

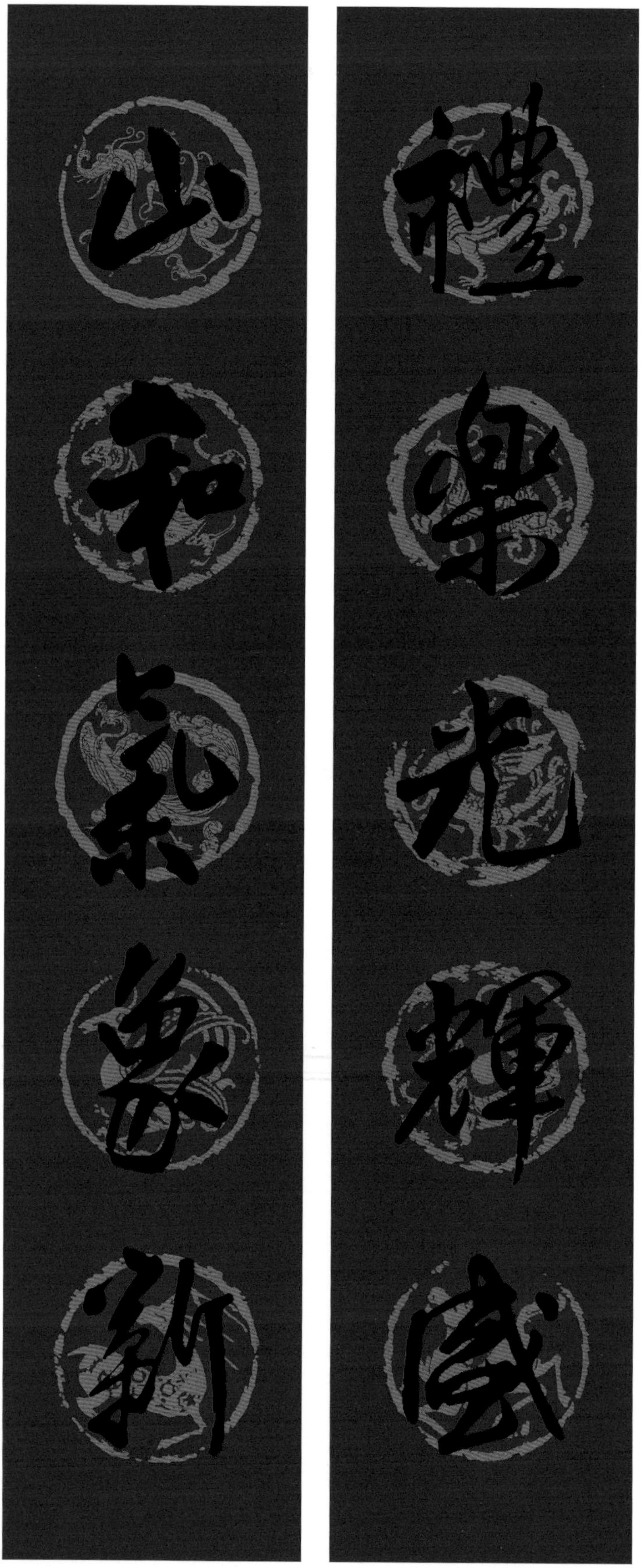

礼乐光辉盛
山和气象新

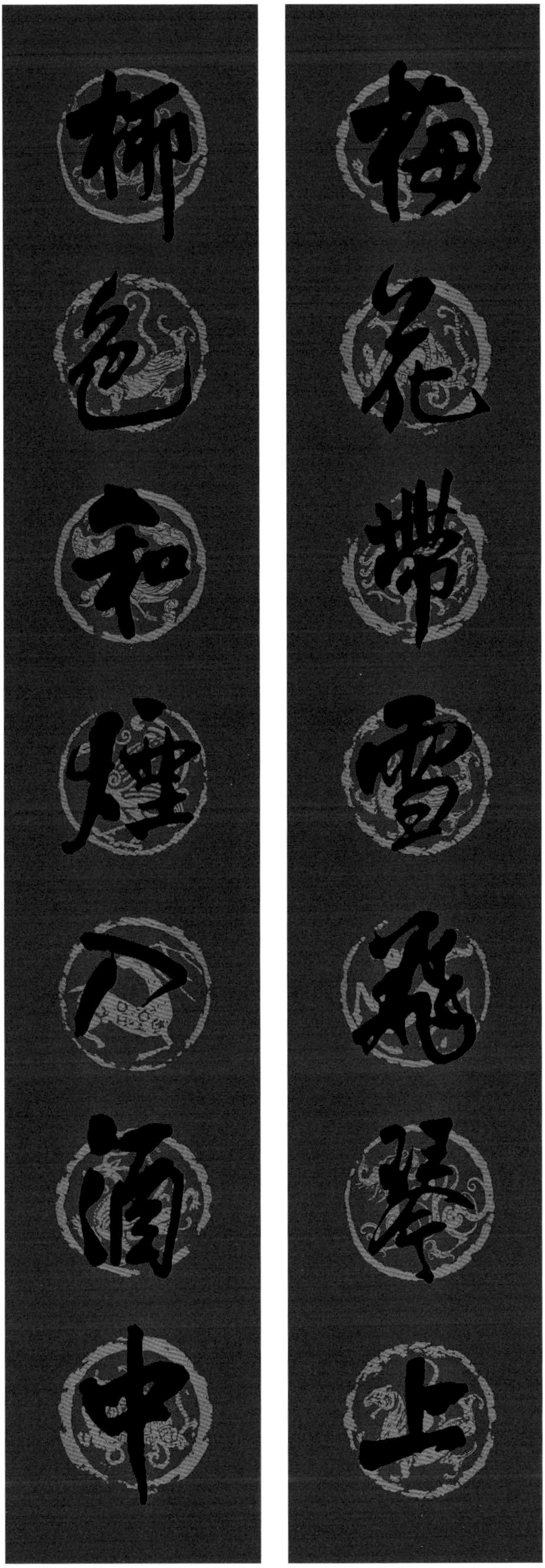

梅花带雪飞琴上
柳色和烟入酒中

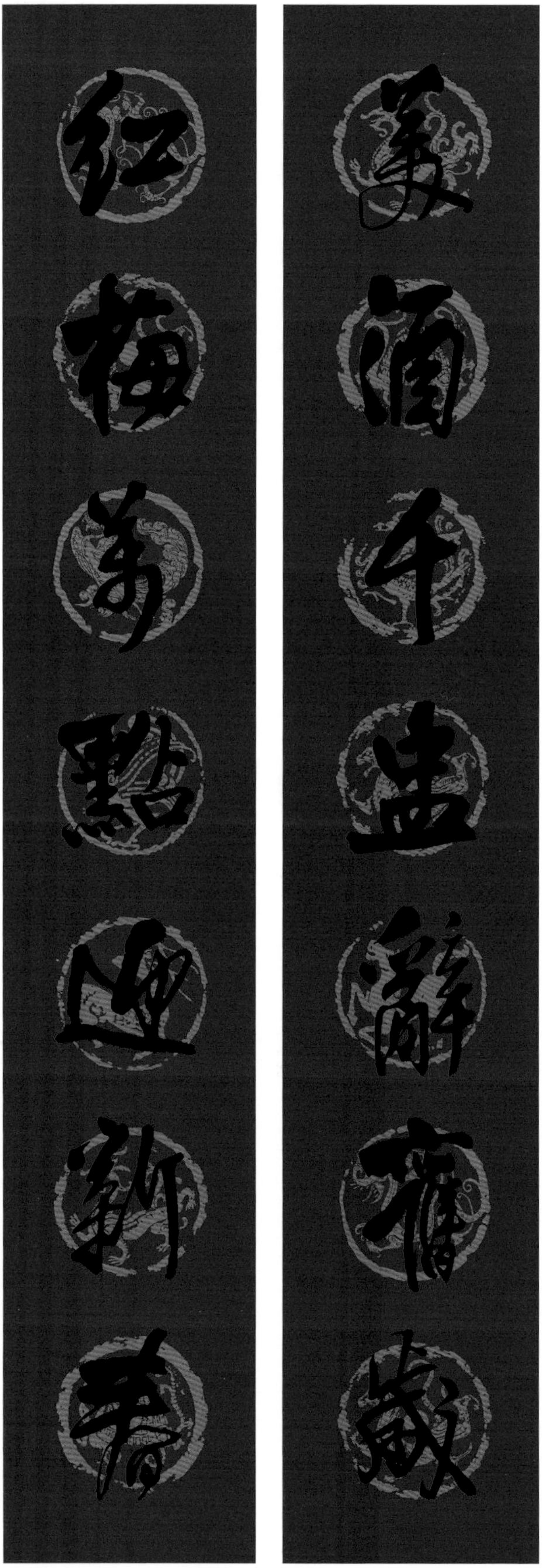

美酒千盅辞旧岁
红梅万点迎新春

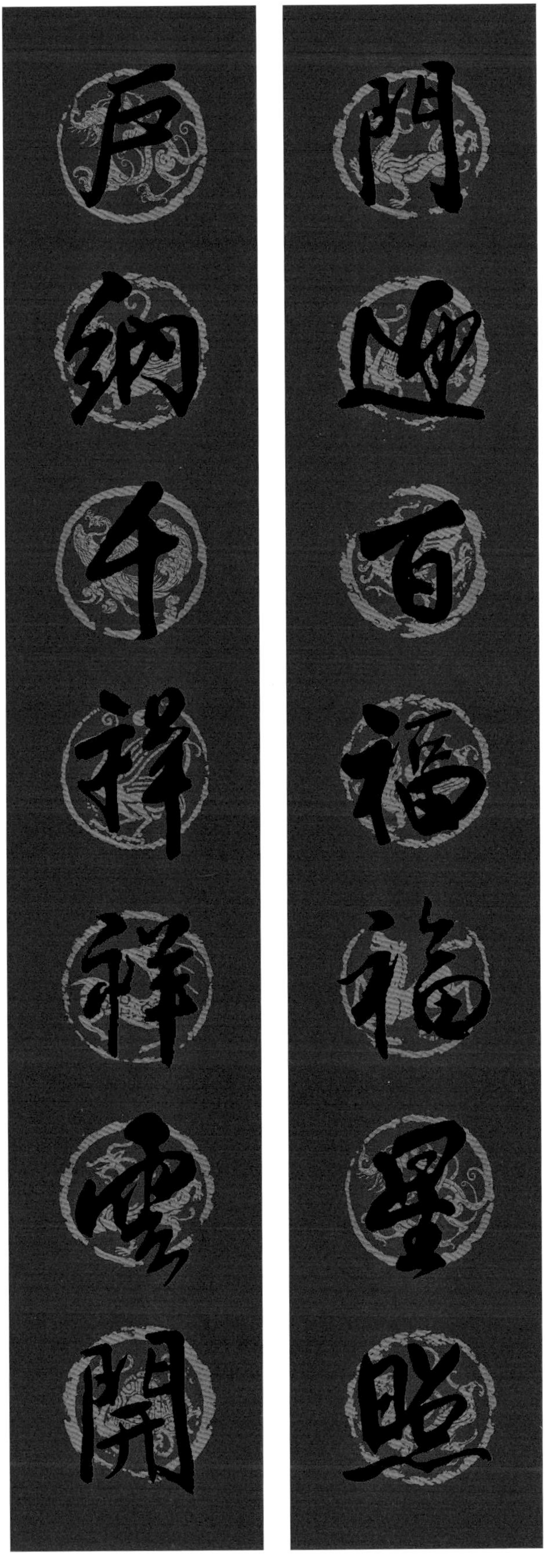

门迎百福福星照
户纳千祥祥云开

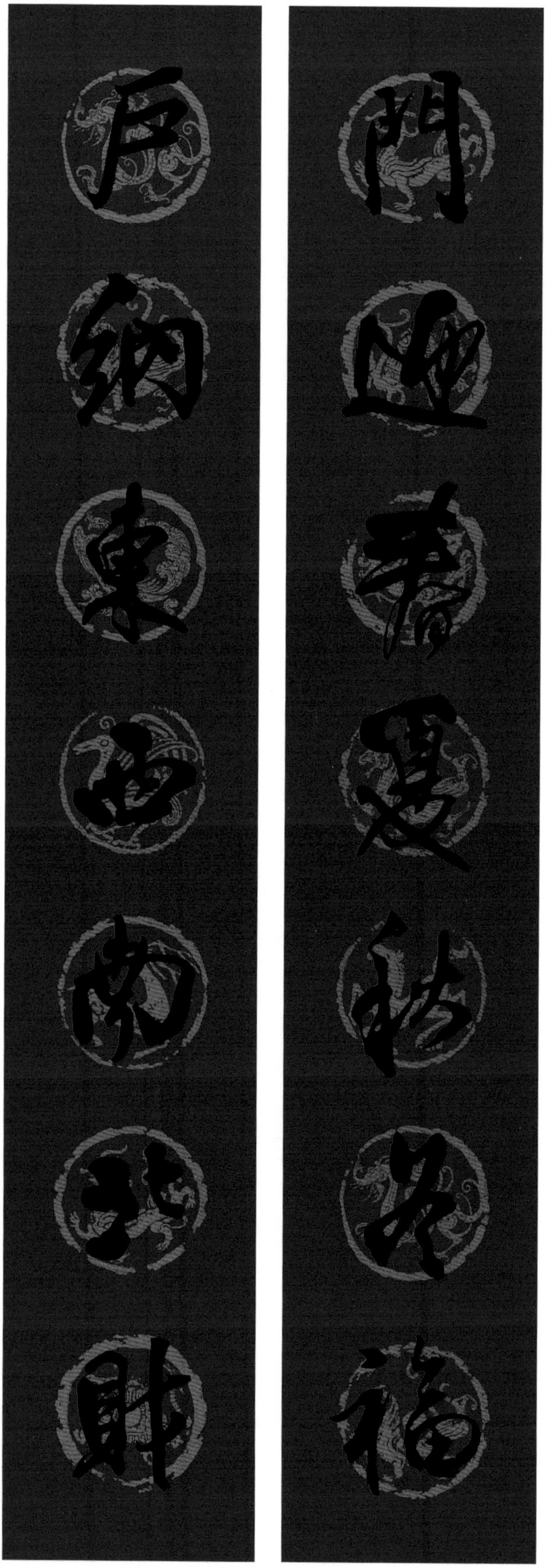

门迎春夏秋冬福
户纳东西南北财

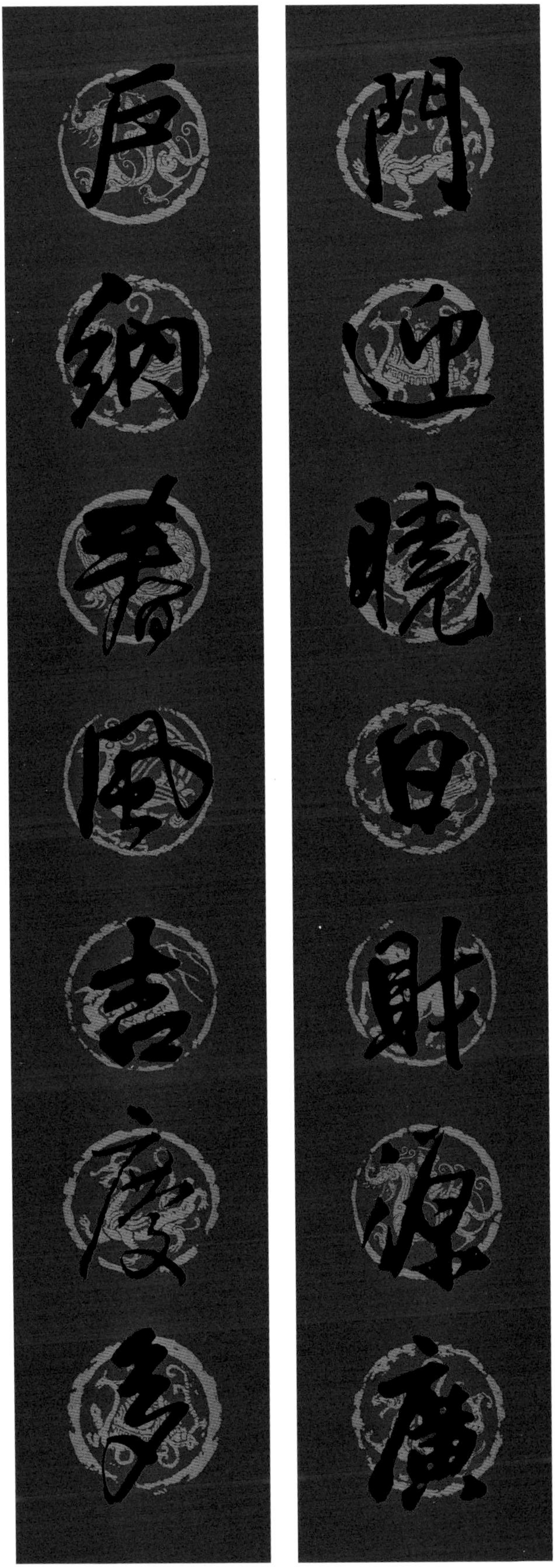

门迎晓日财源广
户纳春风吉庆多

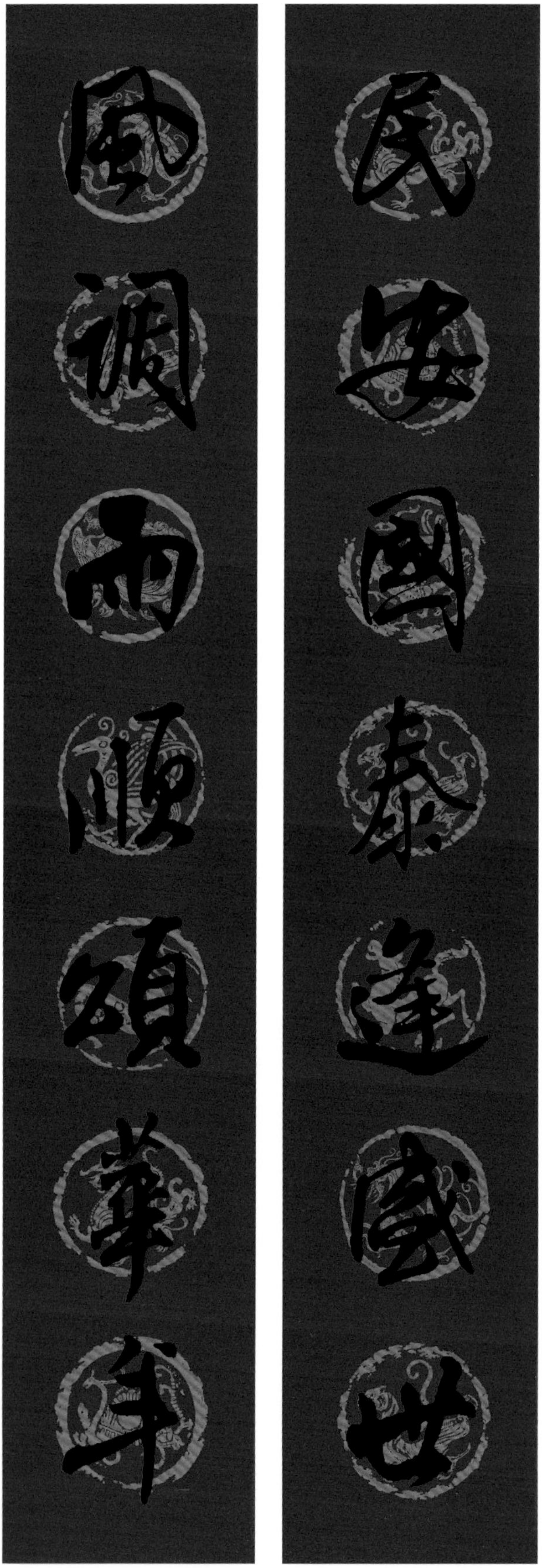

民安国泰逢盛世
风调雨顺颂华年

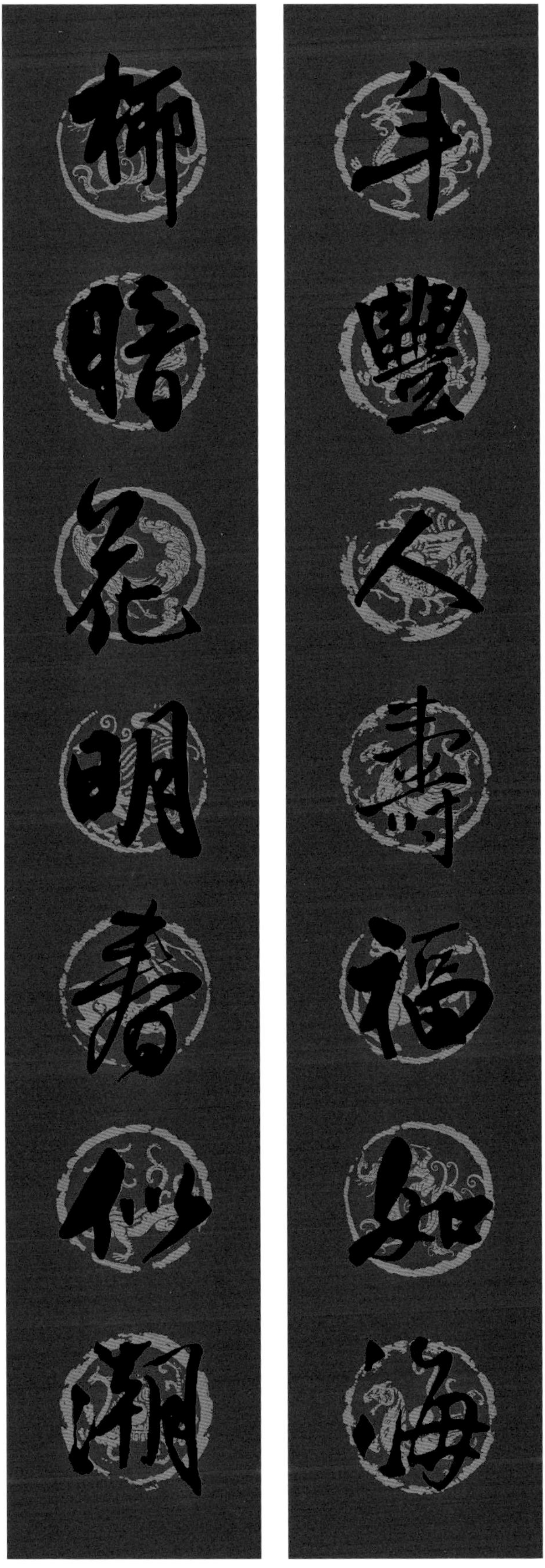

年丰人寿福如海
柳暗花明春似潮

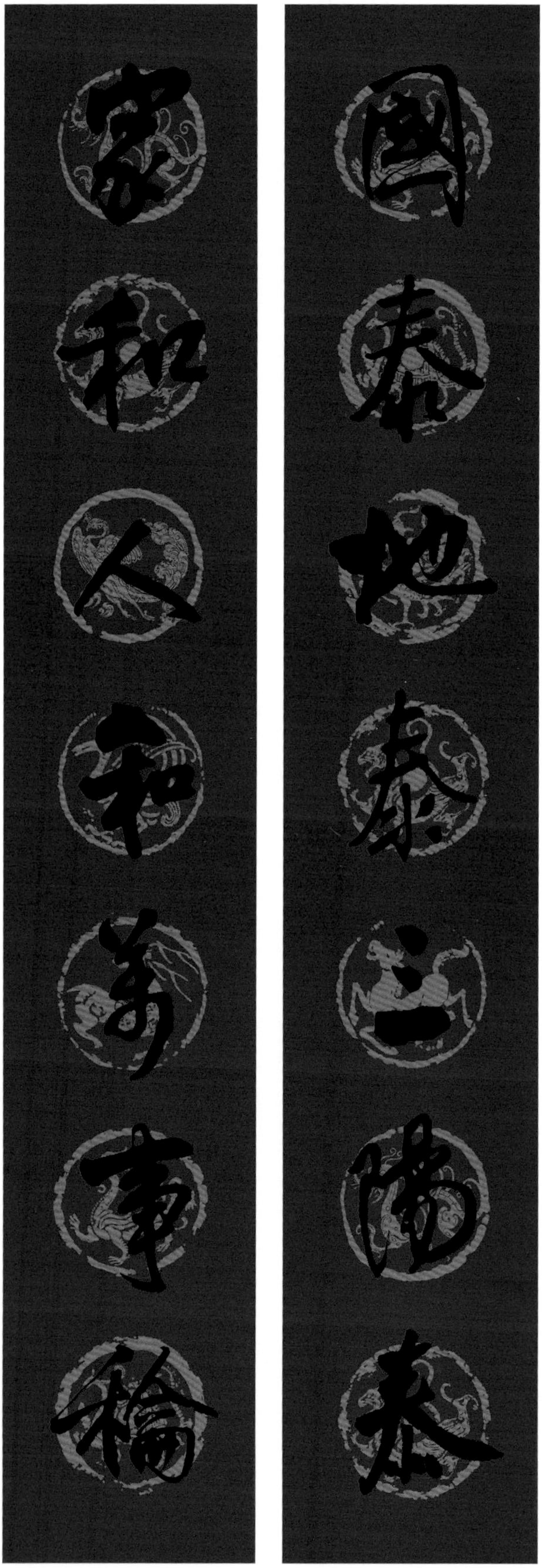

国泰地泰三阳泰
家和人和万事和

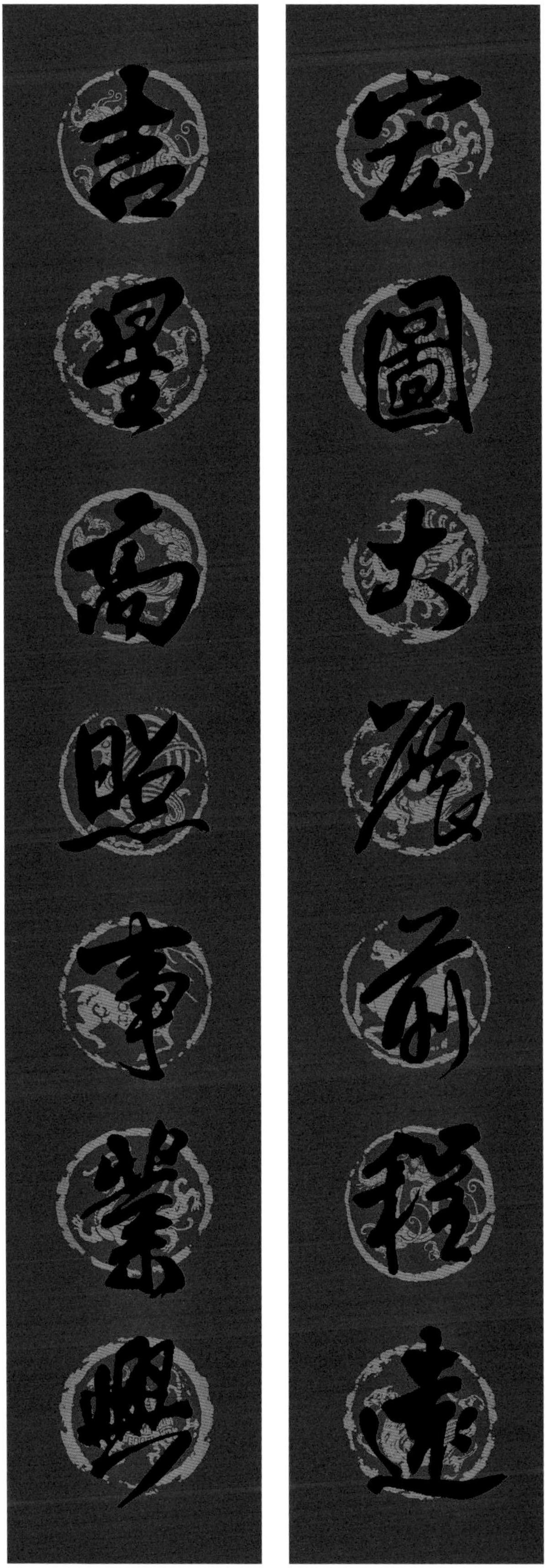
宏圖大展前程遠
吉星高照事業興

宏图大展前程远
吉星高照事业兴

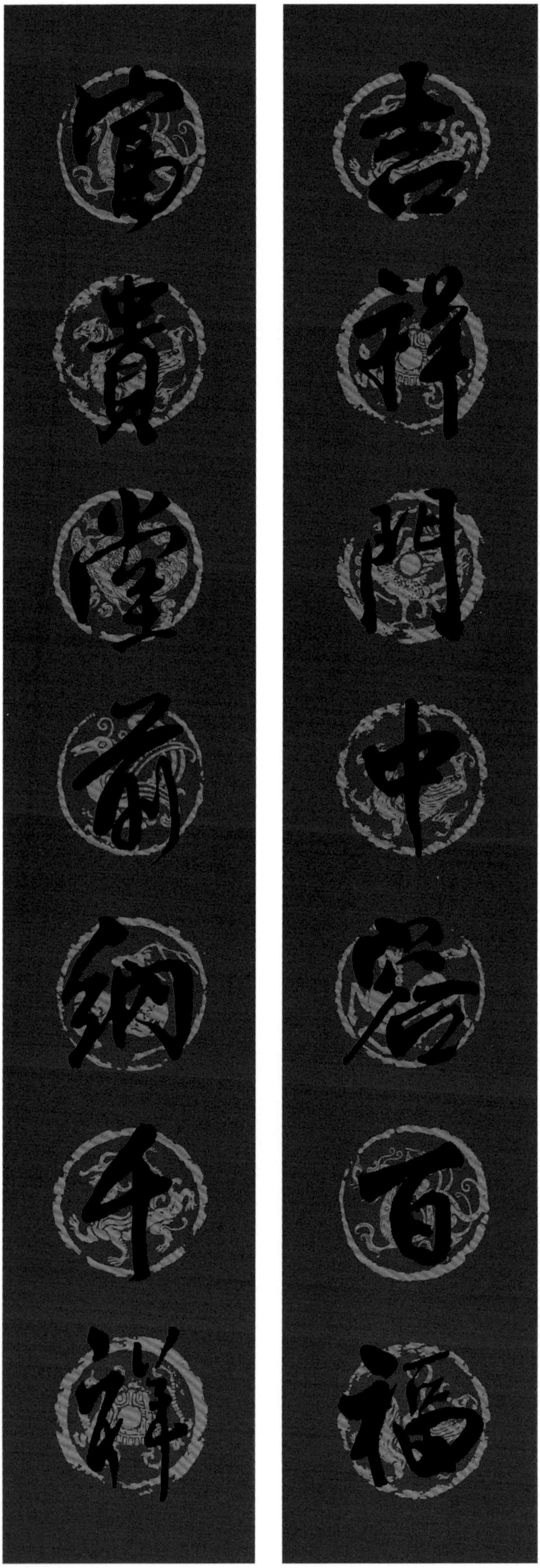

吉祥门中容百福
富贵堂前纳千祥

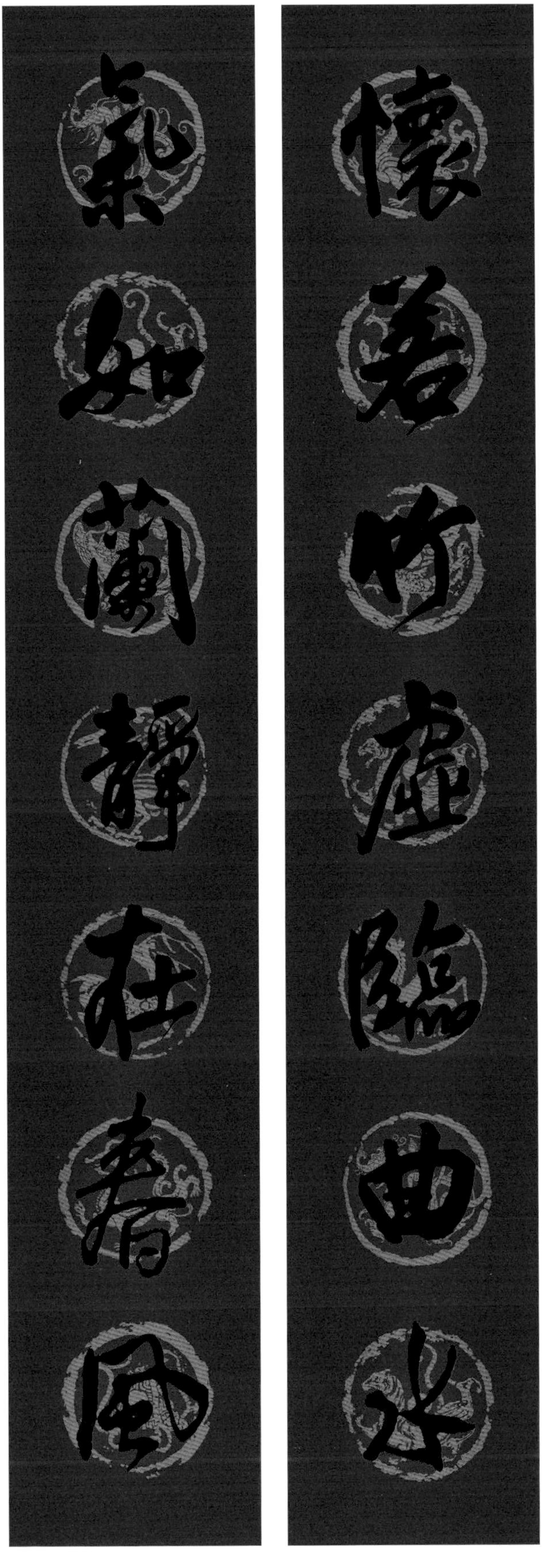

怀若竹虚临曲水
气如兰静在春风

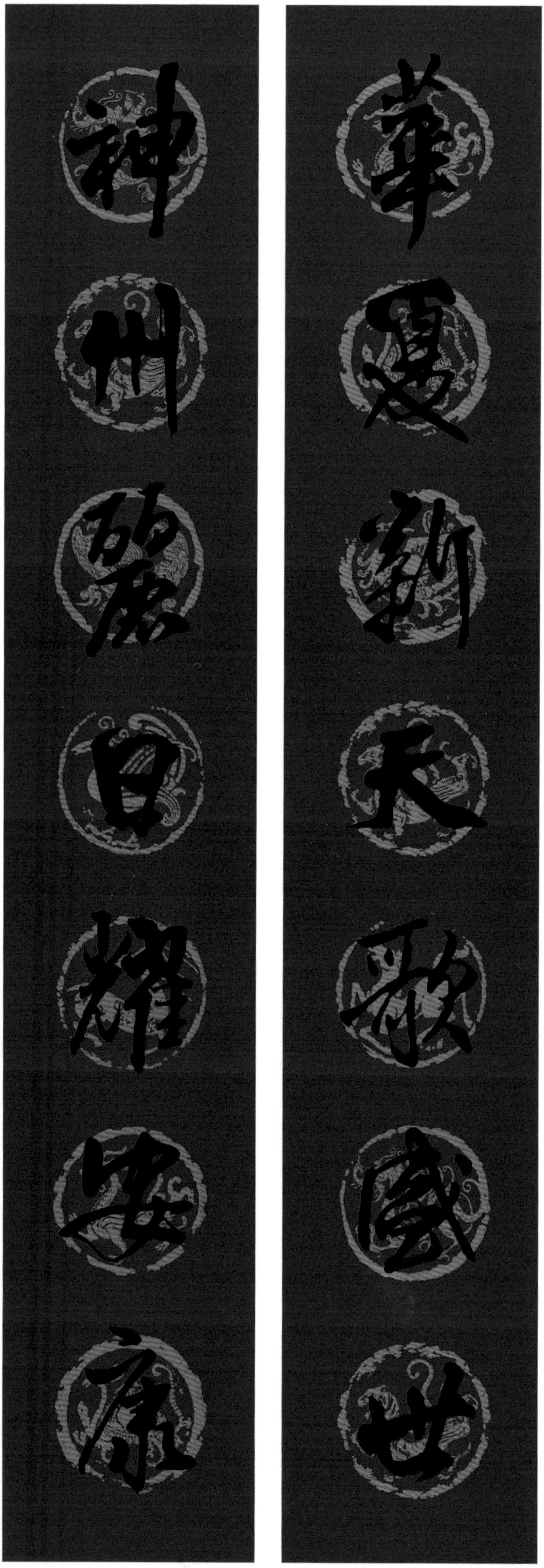

华夏新天歌盛世
神州丽日耀安康

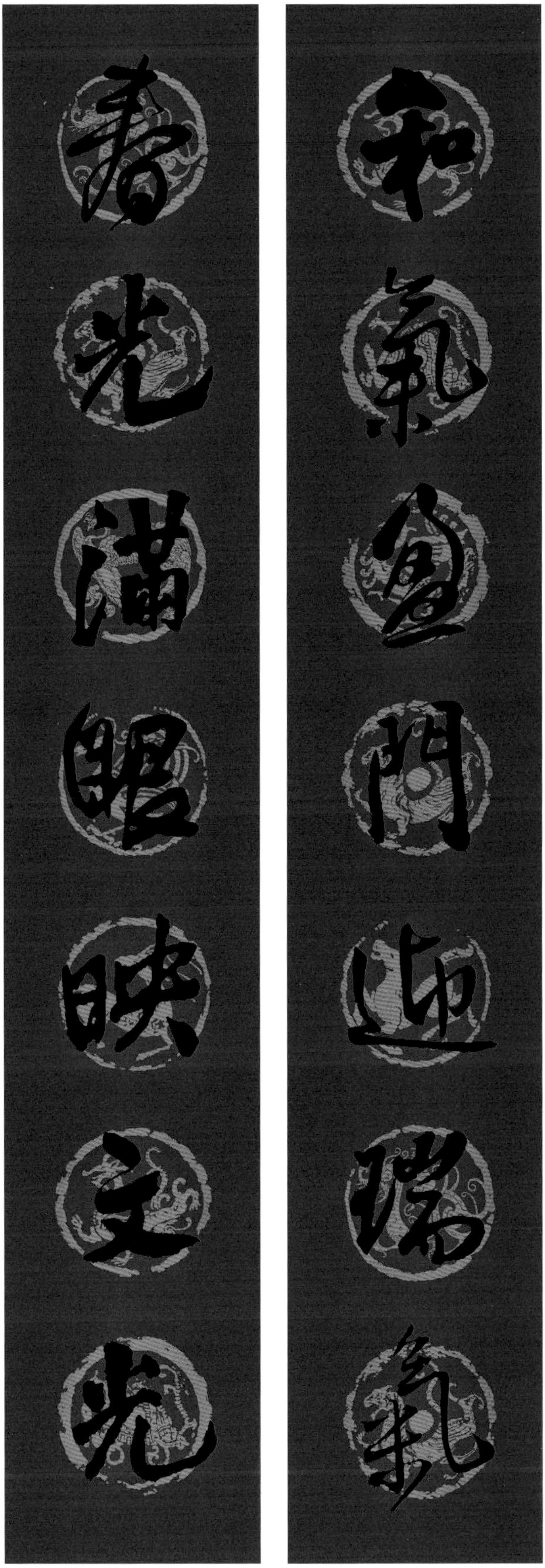

和气盈门迎瑞气
春光满眼映文光

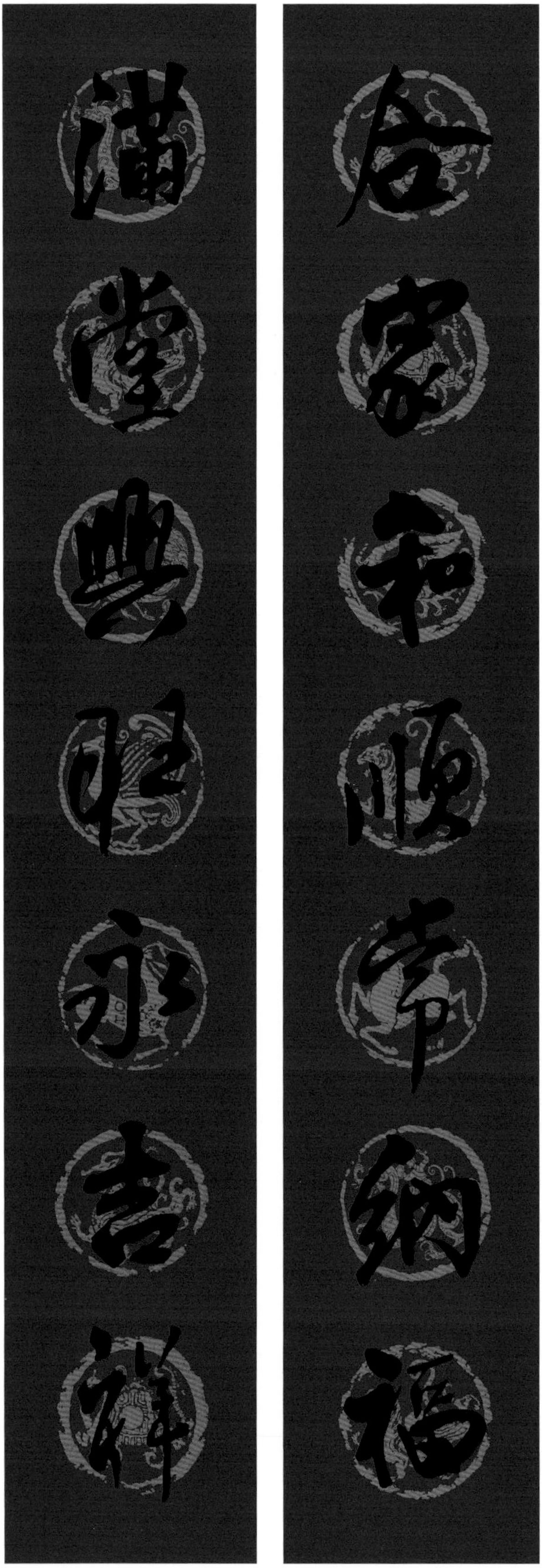

合家和顺常纳福
满堂兴旺永吉祥

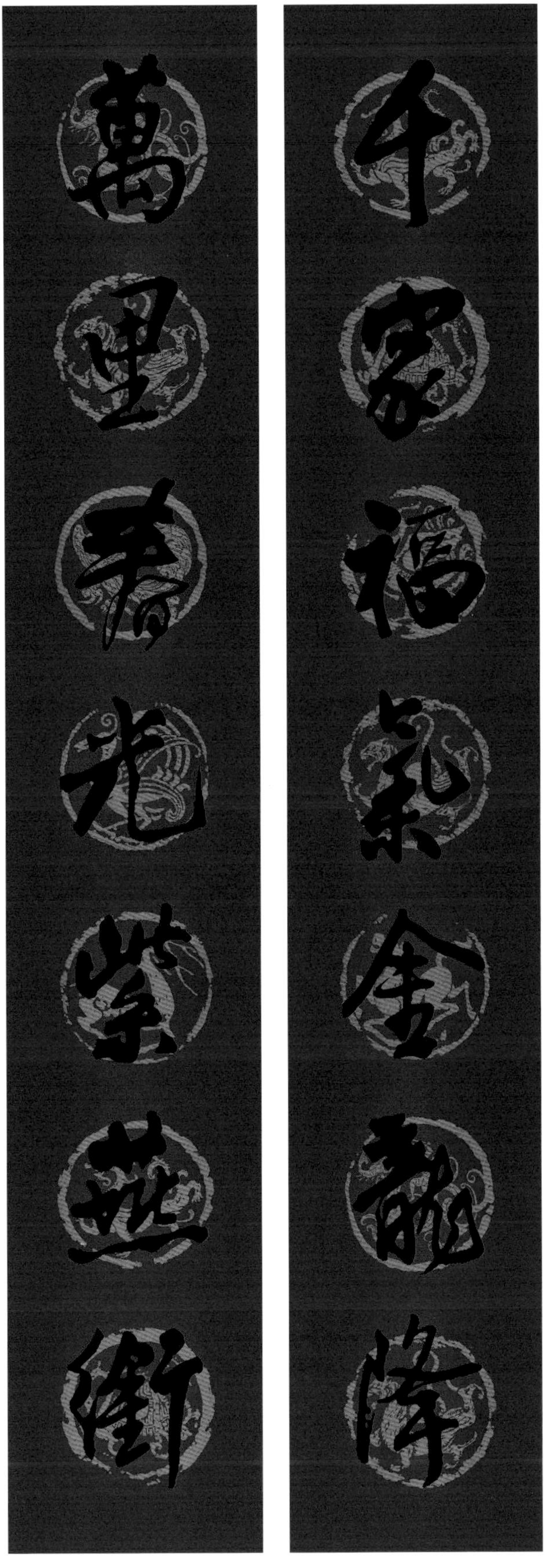

千家福气金龙降
万里春光紫燕衔

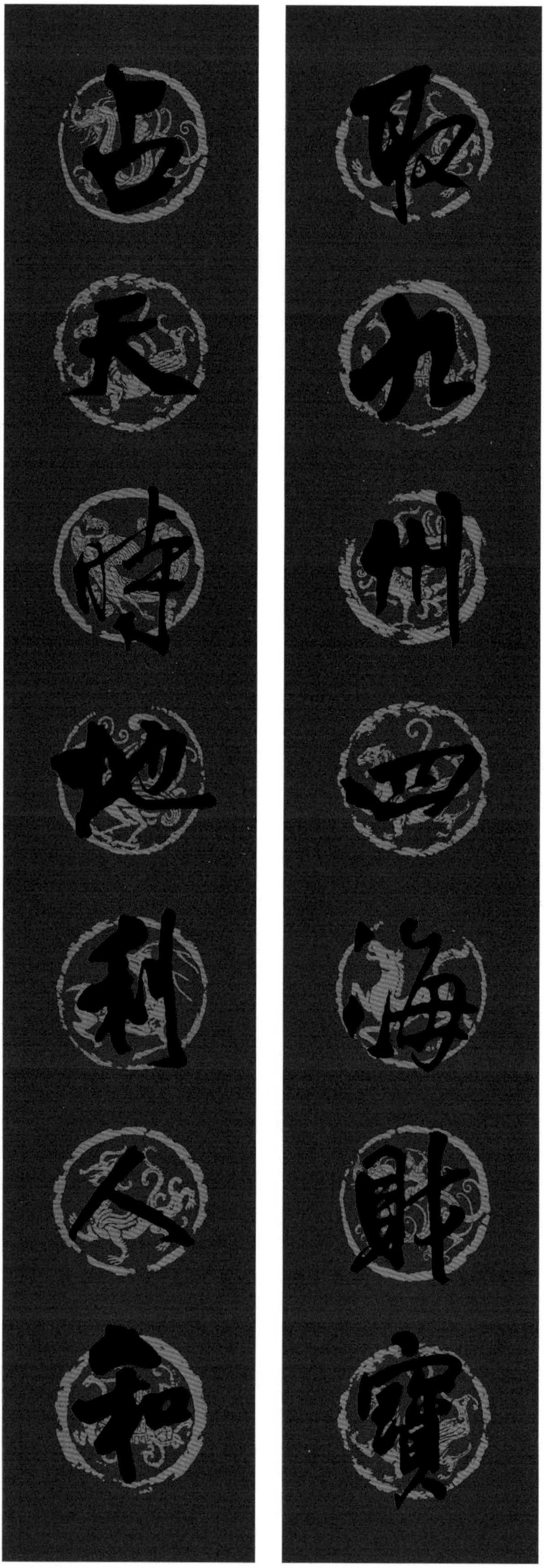

取九州四海财宝
占天时地利人和

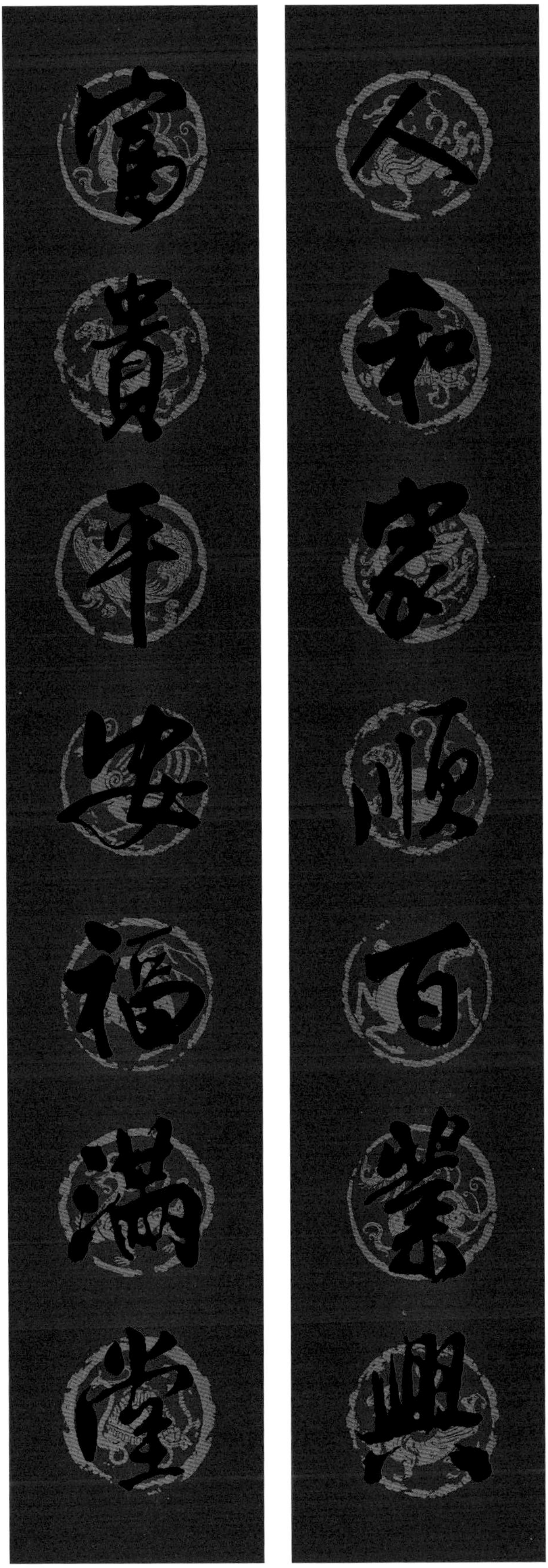

人和家顺百业兴
富贵平安福满堂

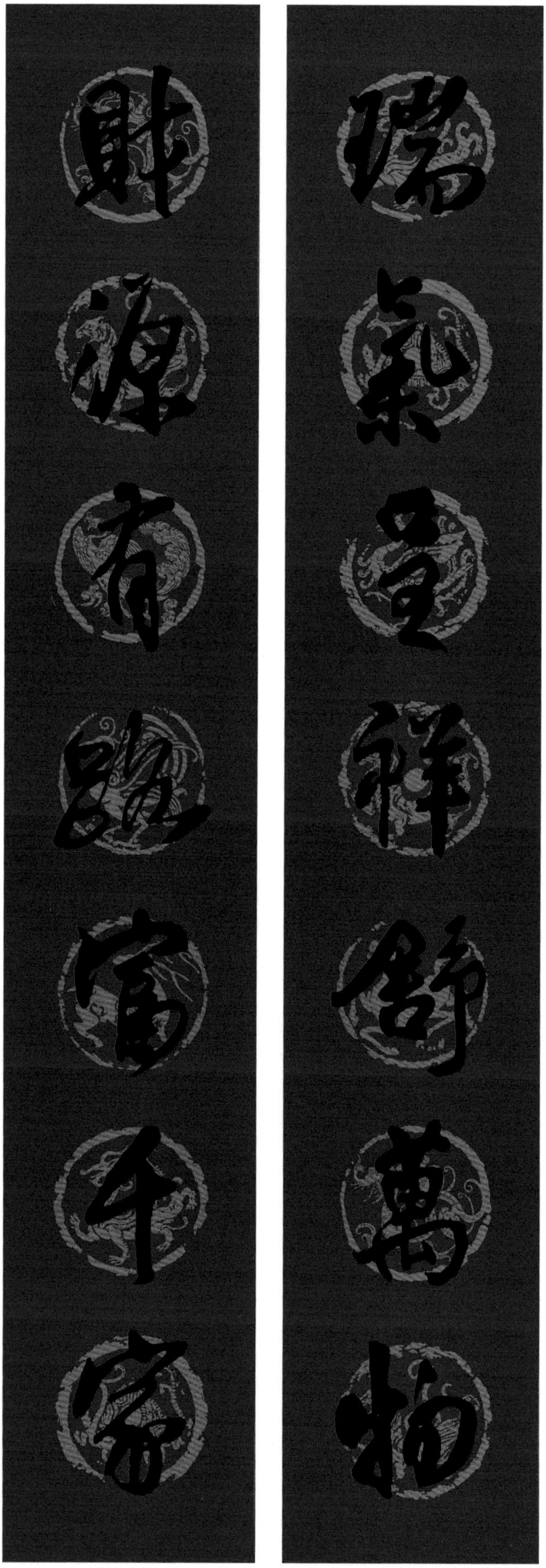

瑞气呈祥舒万物
财源有路富千家

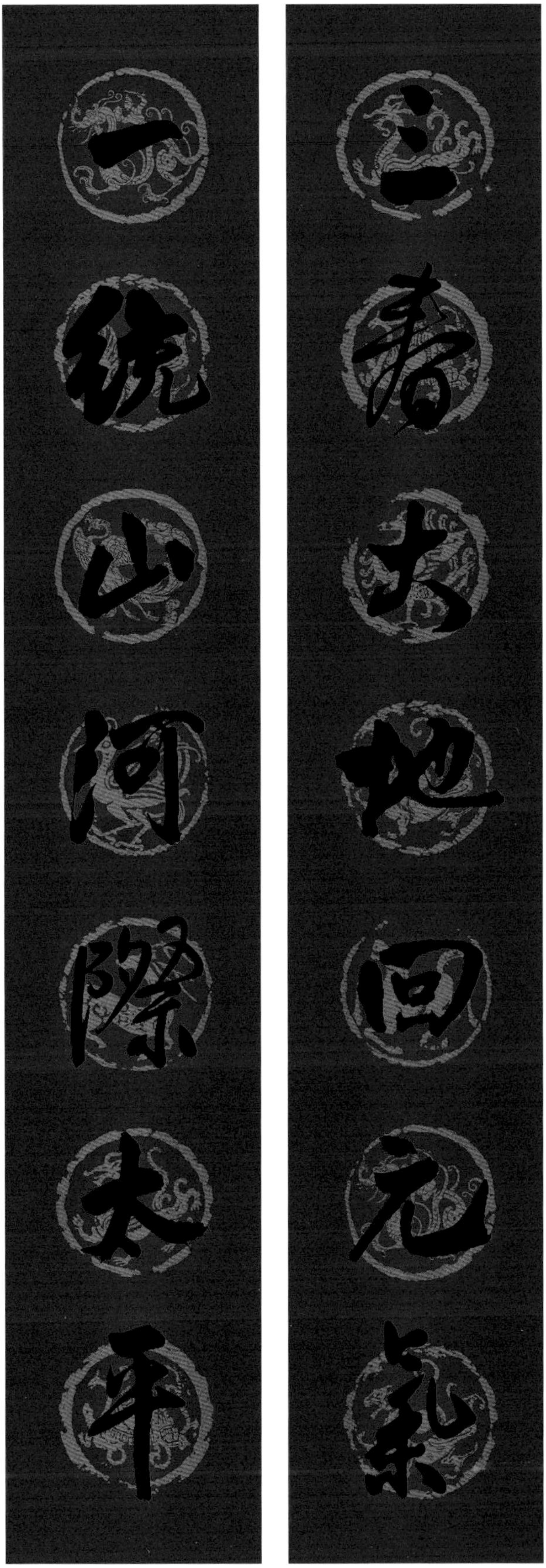

三春大地回元气
一统山河际太平

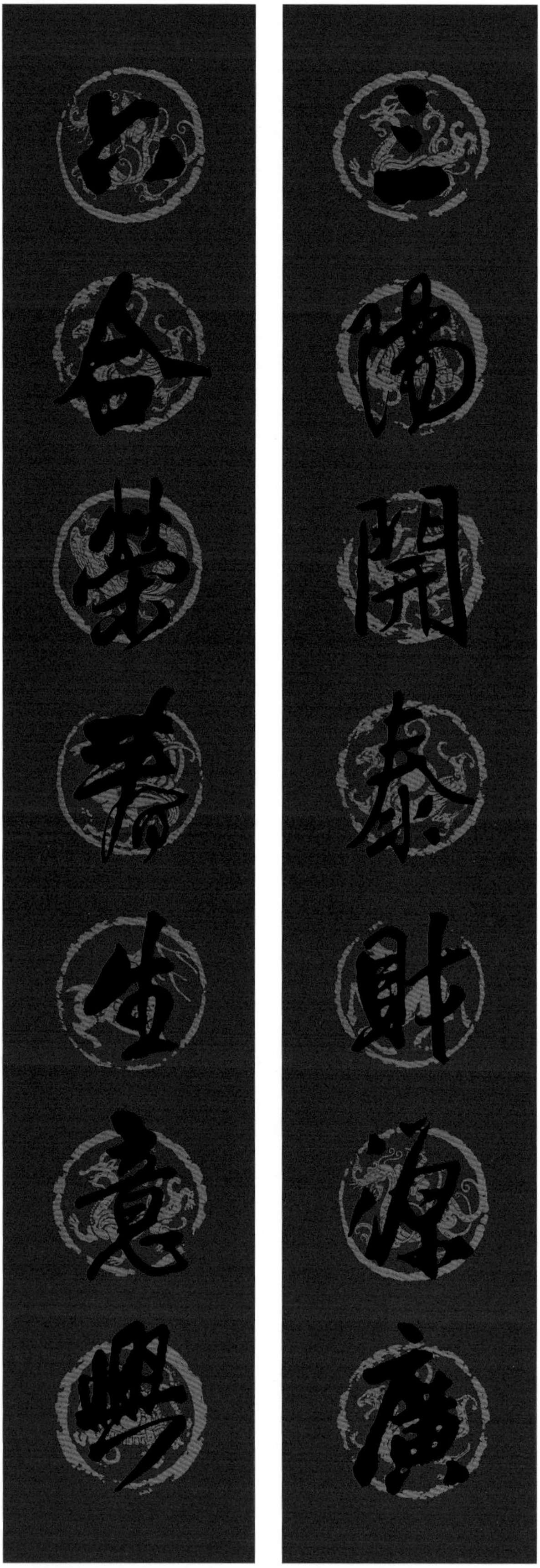

三阳开泰财源广
六合荣春生意兴

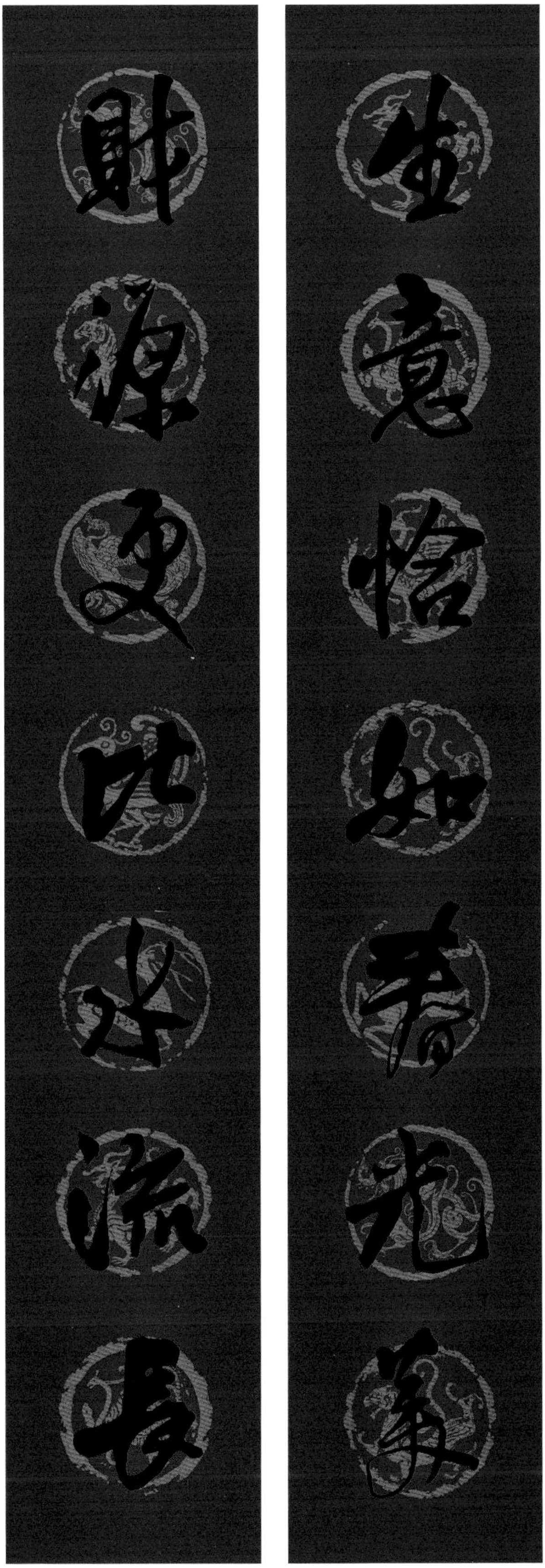

生意恰如春光美
财源更比水流长

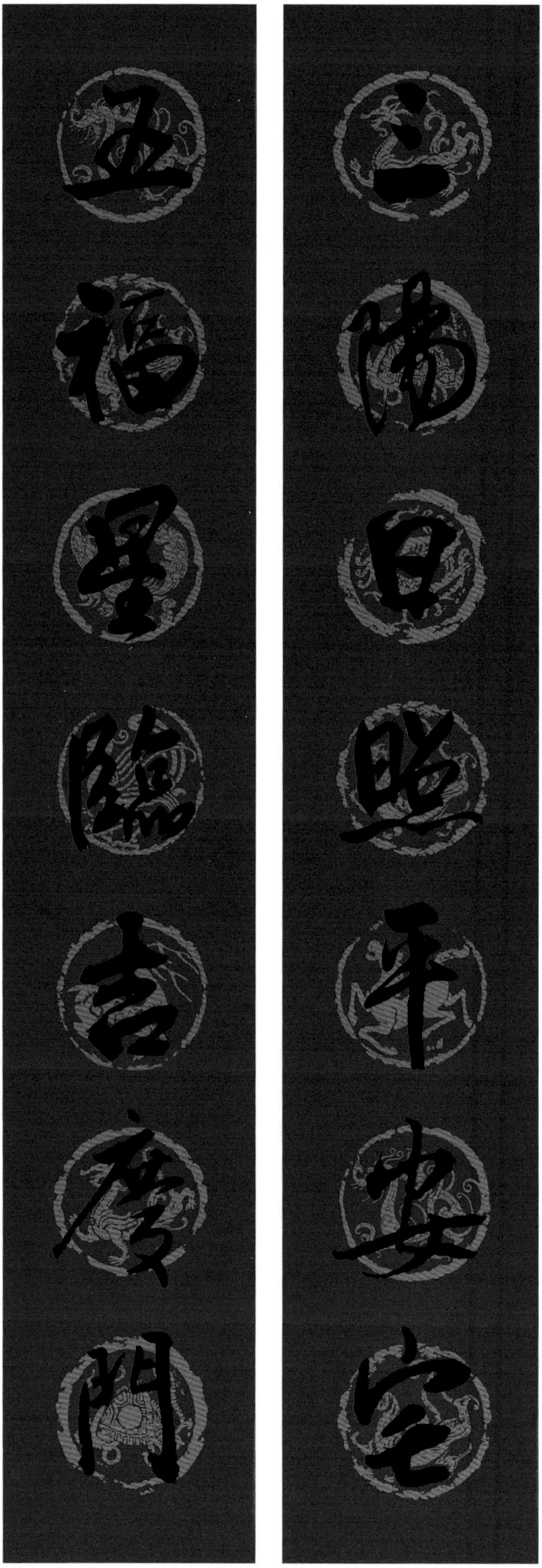

三阳日照平安宅
五福星临吉庆门

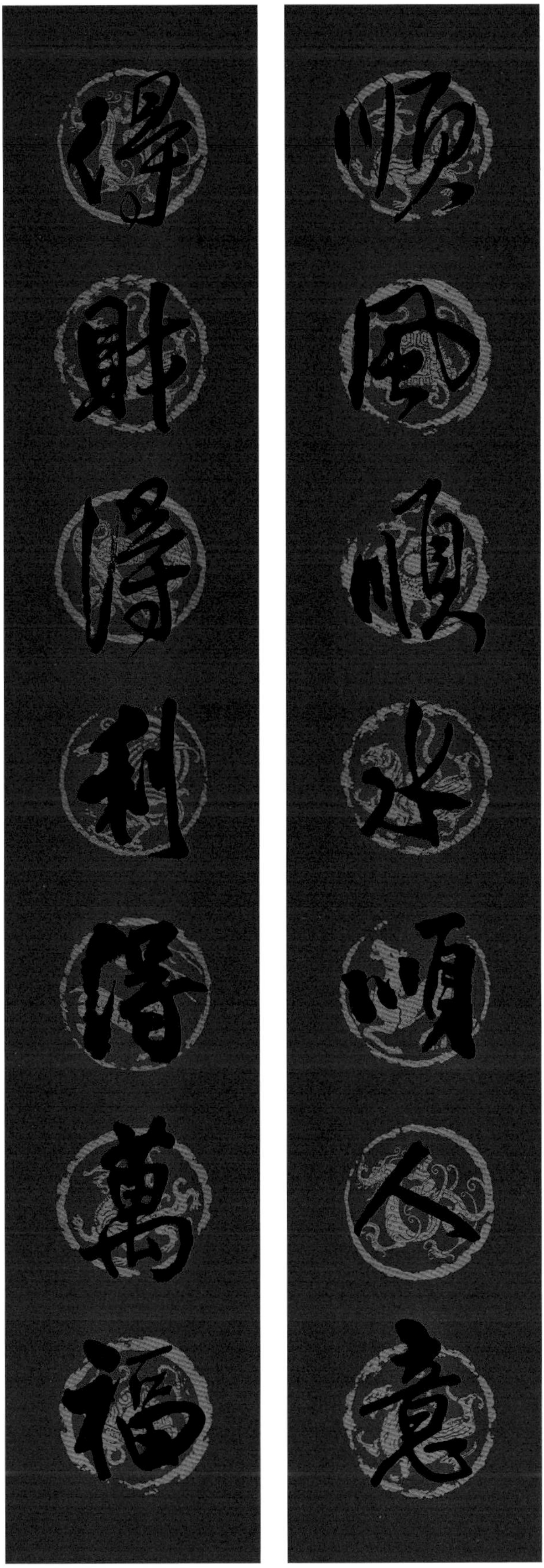

顺风顺水顺人意
得财得利得万福

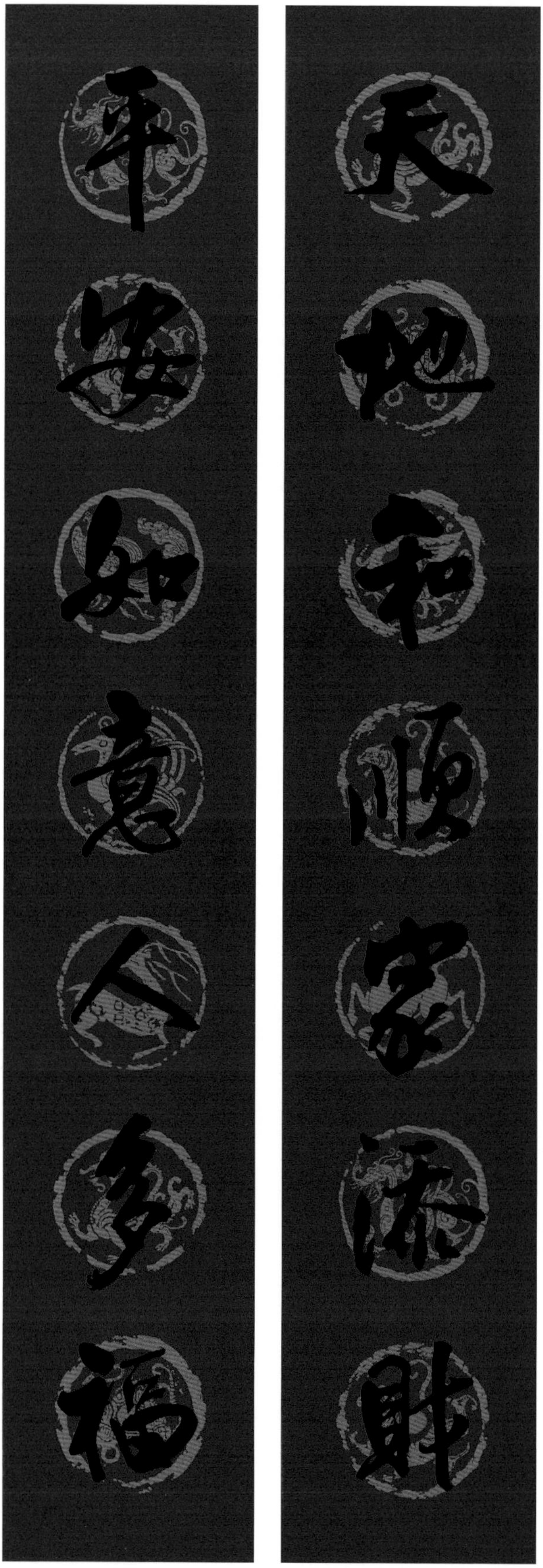

天地和顺家添财
平安如意人多福

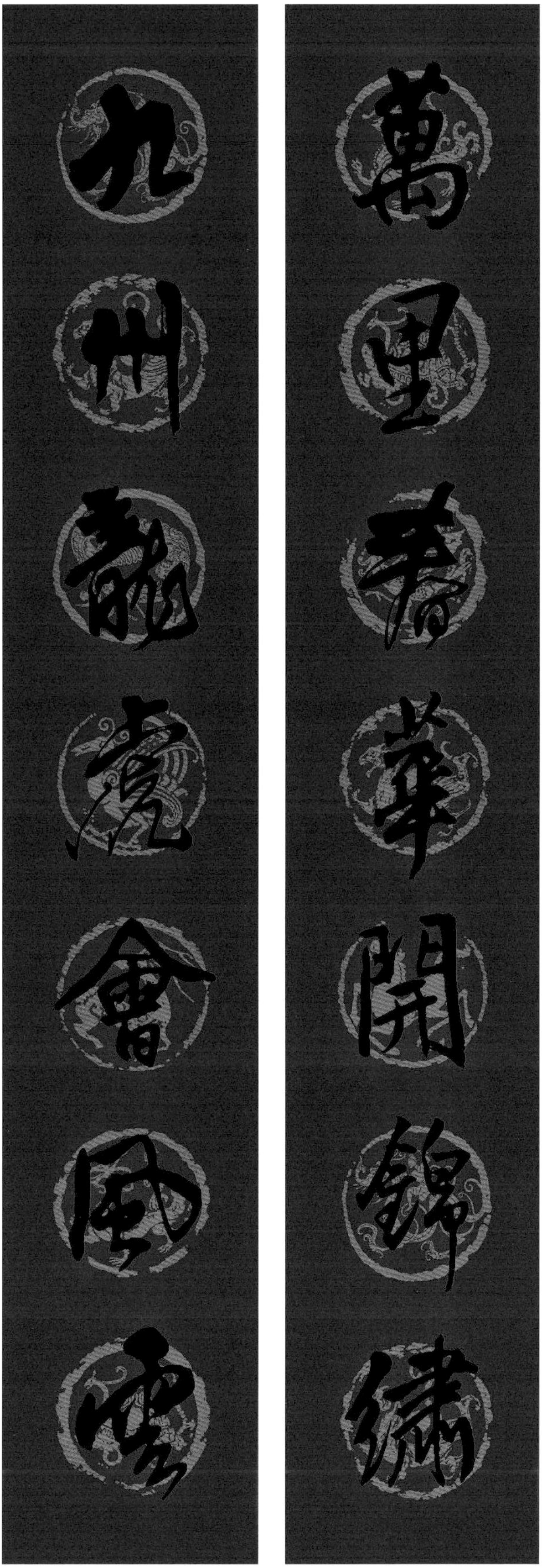

万里春华开锦绣
九州龙虎会风云

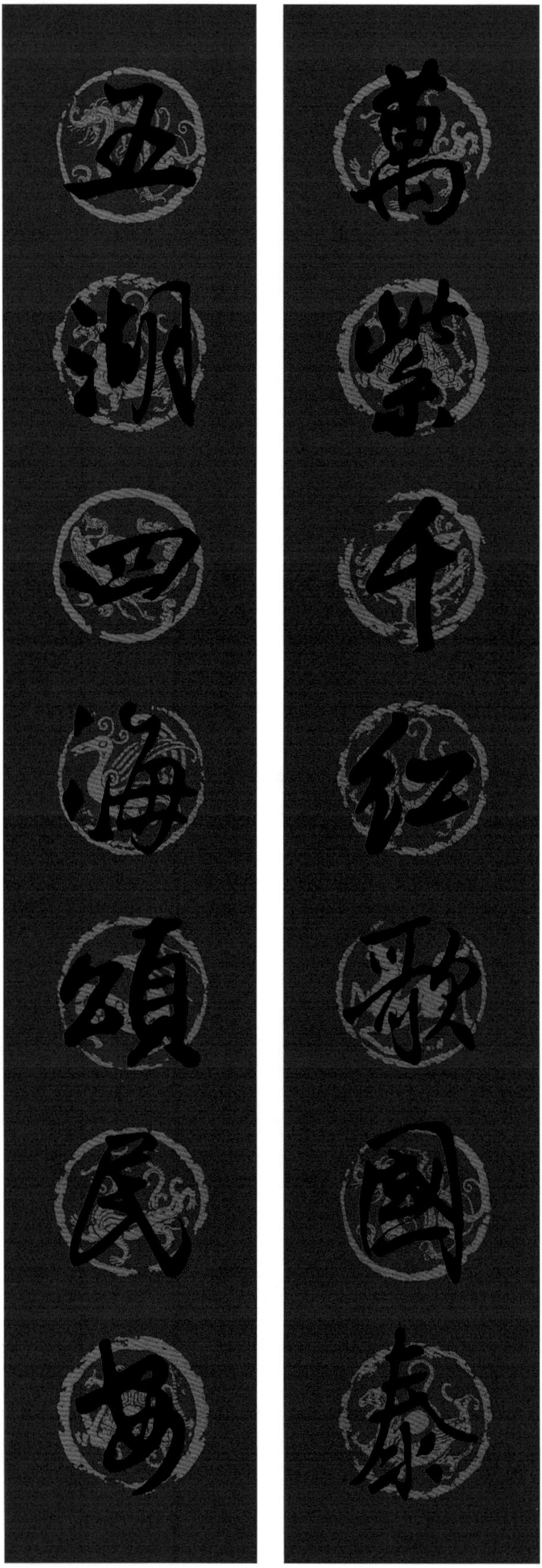

万紫千红歌国泰
五湖四海颂民安

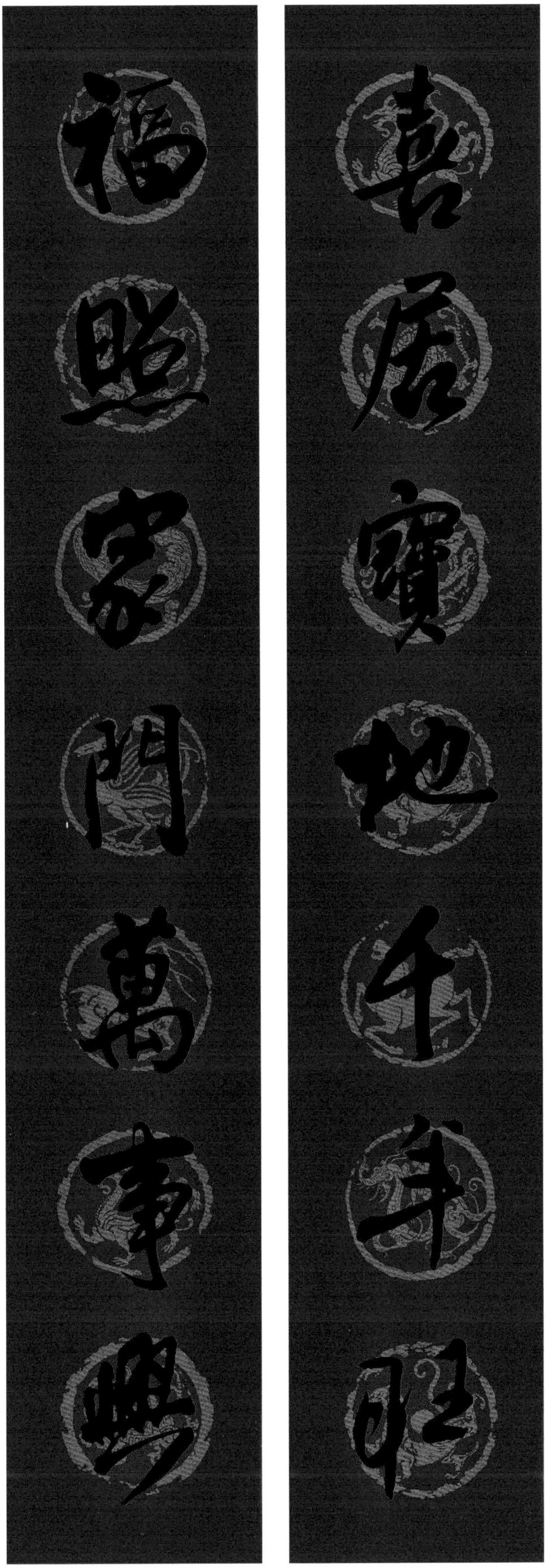

喜居宝地千年旺
福照家门万事兴

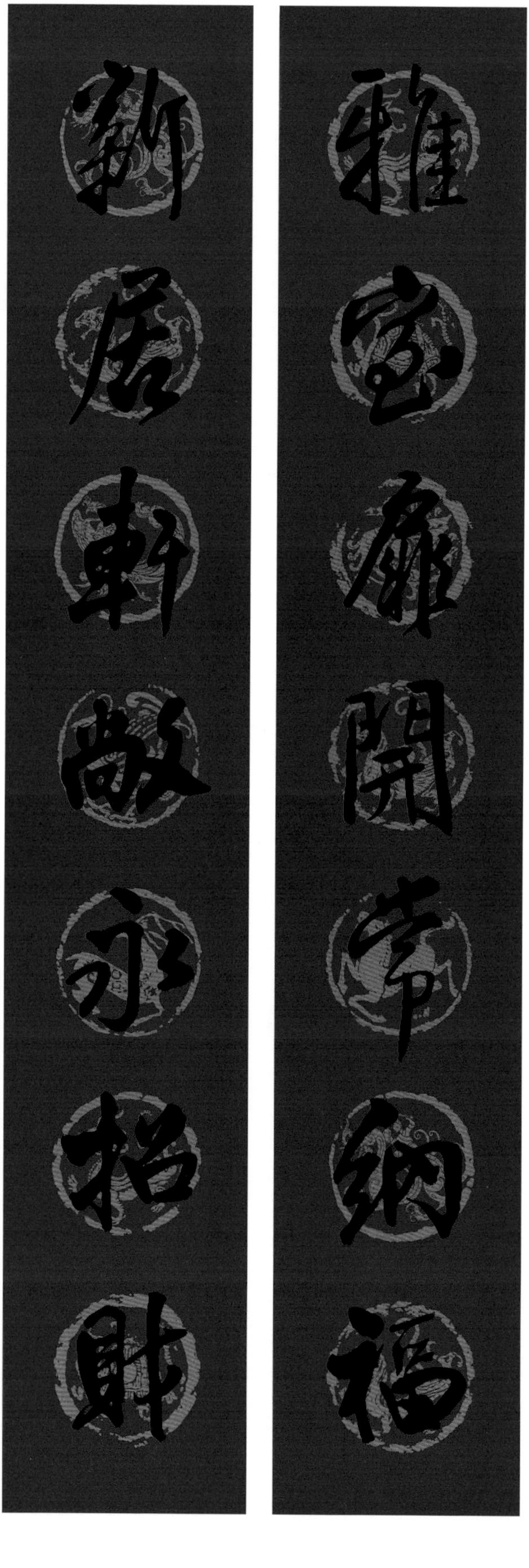

雅室扉开常纳福
新居轩敞永招财

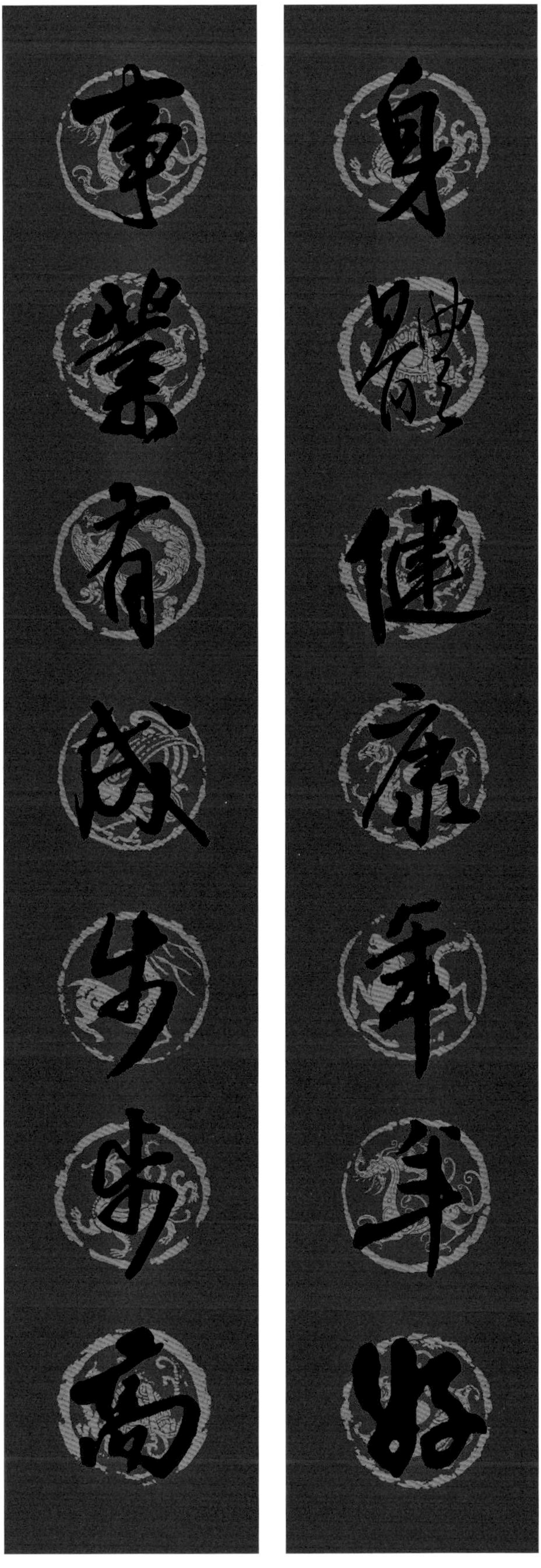

身体健康年年好
事业有成步步高

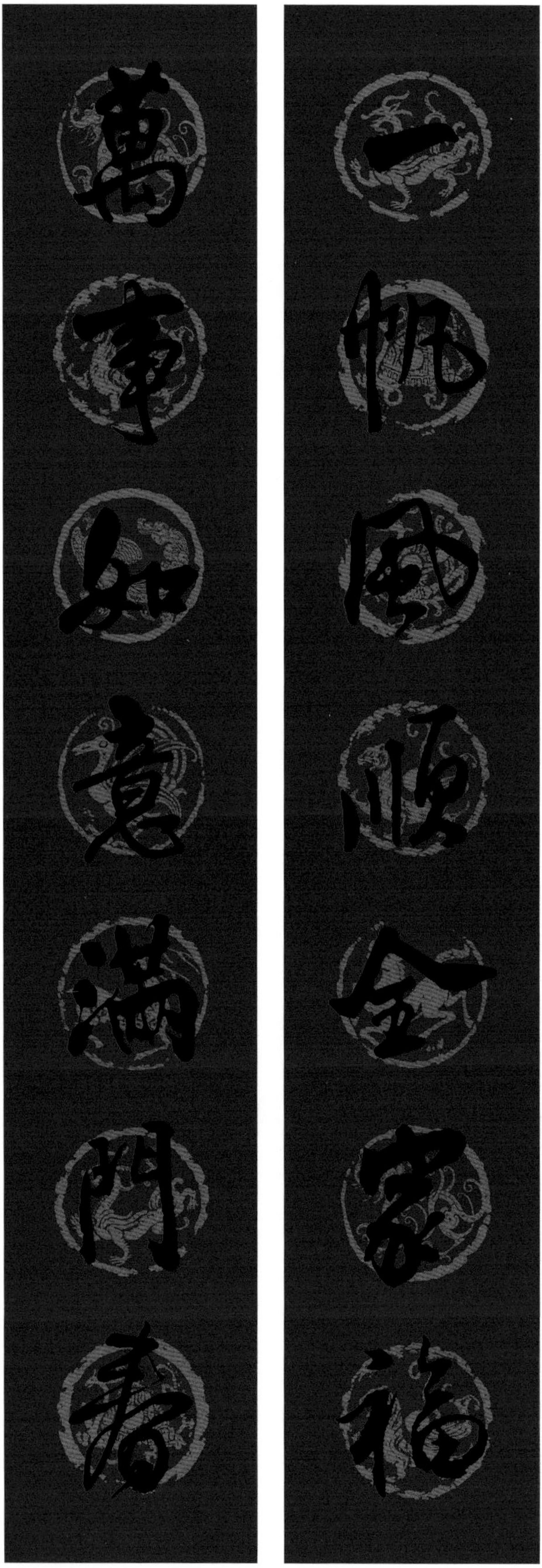

一帆风顺全家福
万事如意满门春

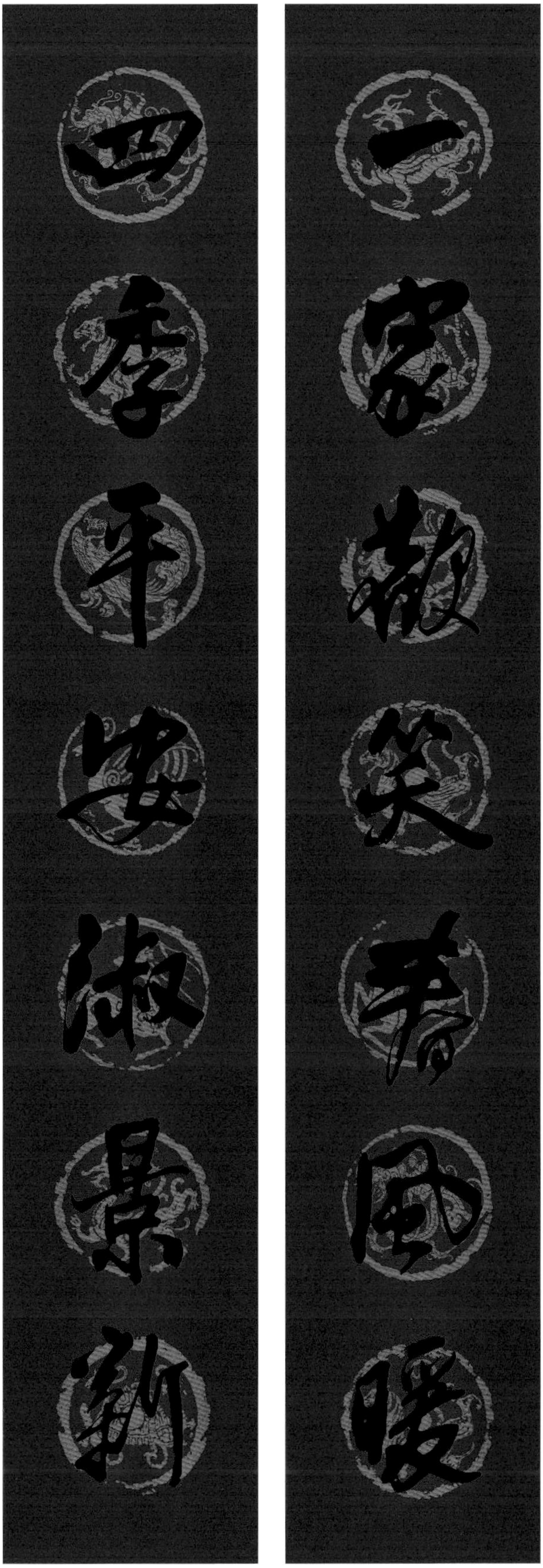

一家欢笑春风暖
四季平安淑景新

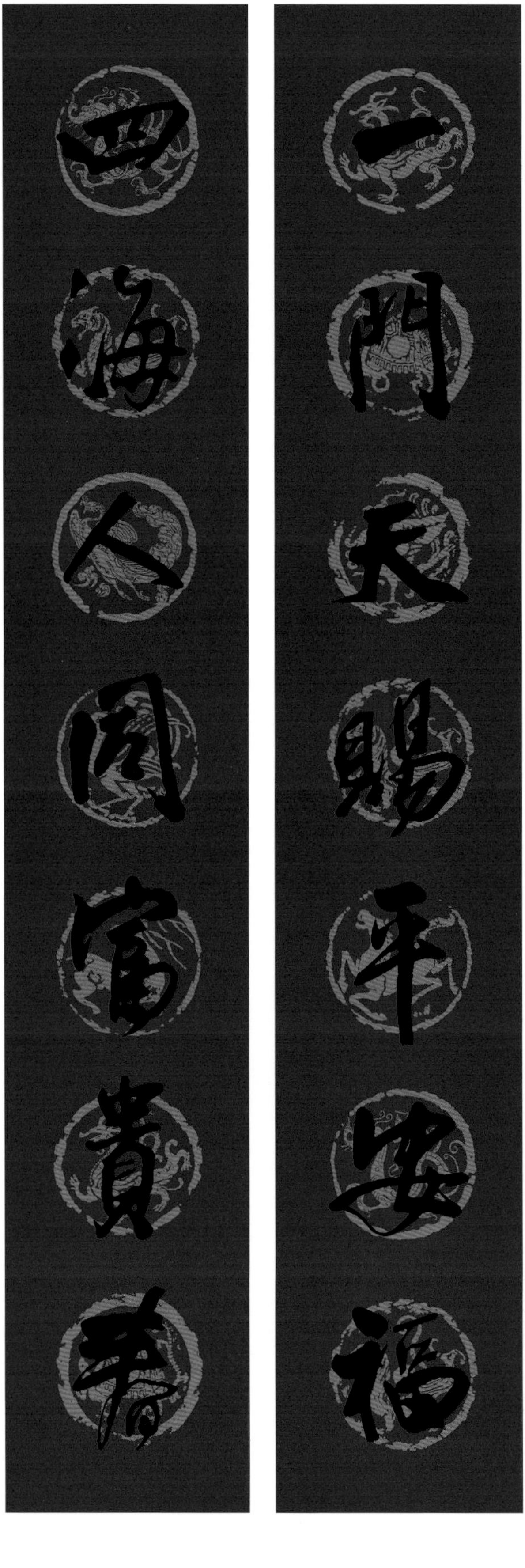

一门天赐平安福
四海人同富贵春

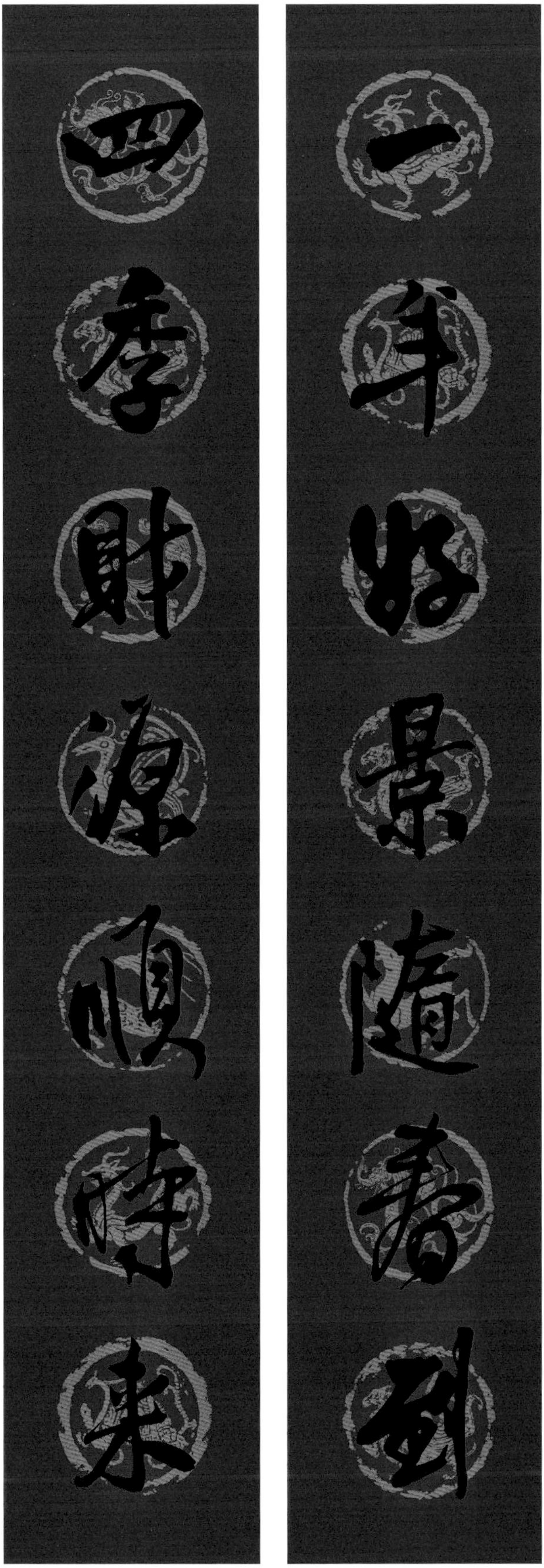

一年好景随春到
四季财源顺时来

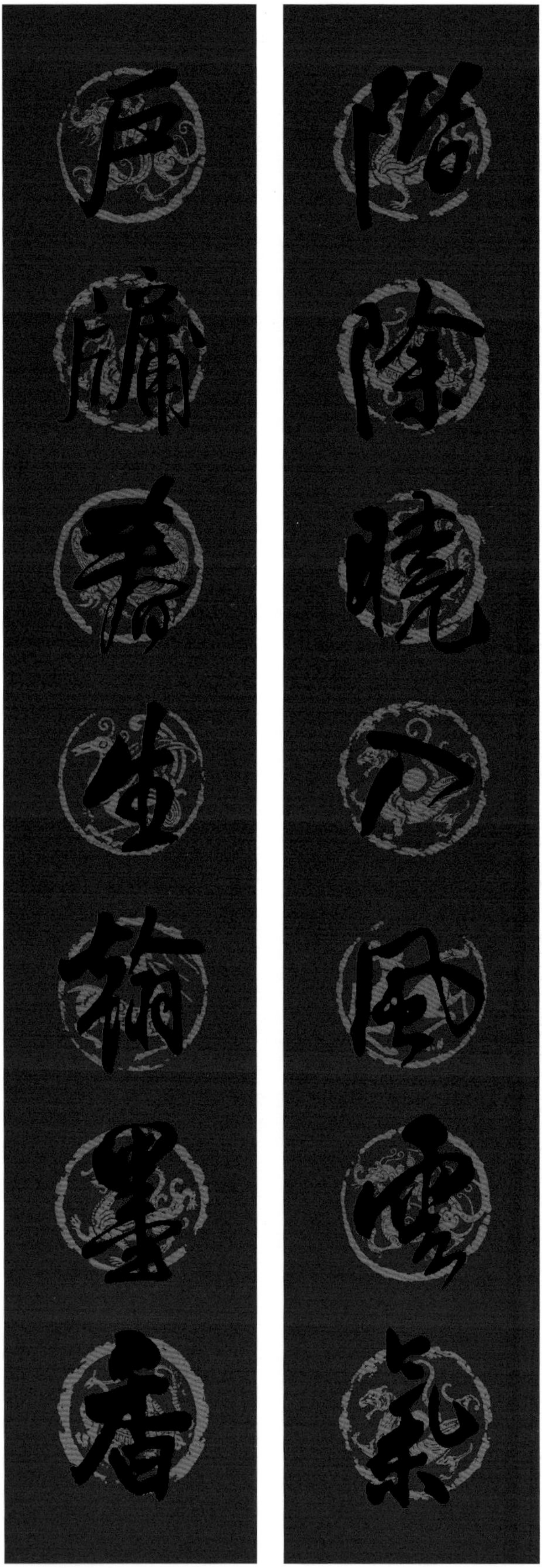

阶除晓入风云气
户牖春生翰墨香

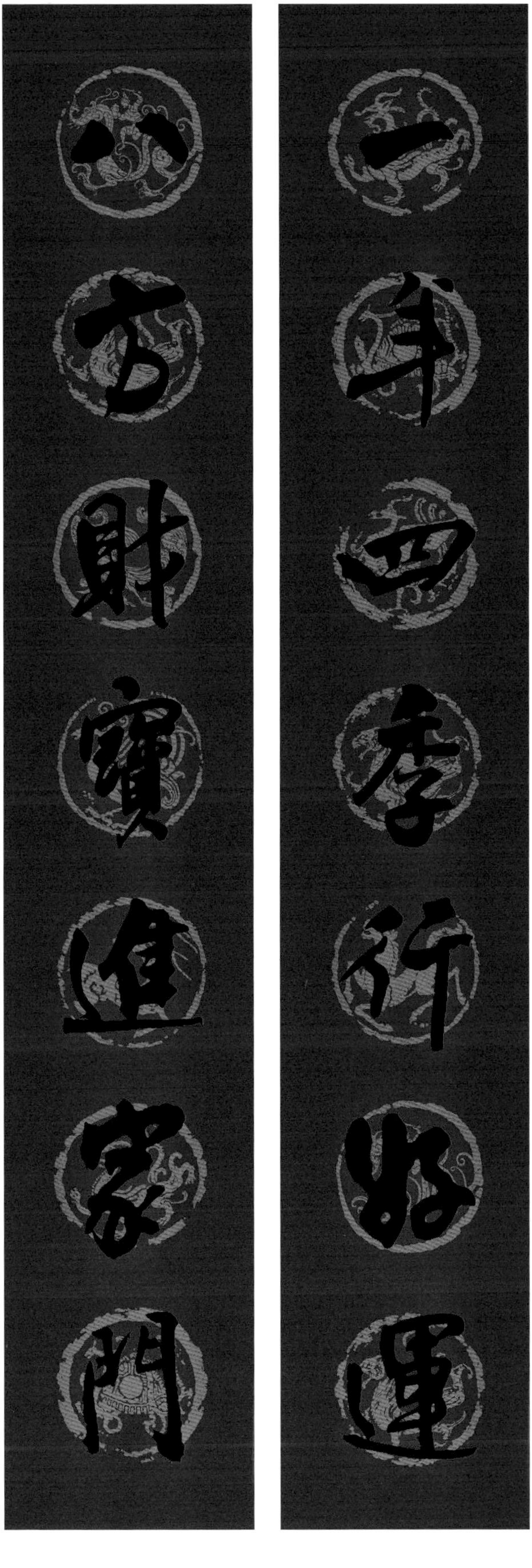

一年四季行好运
八方财宝进家门

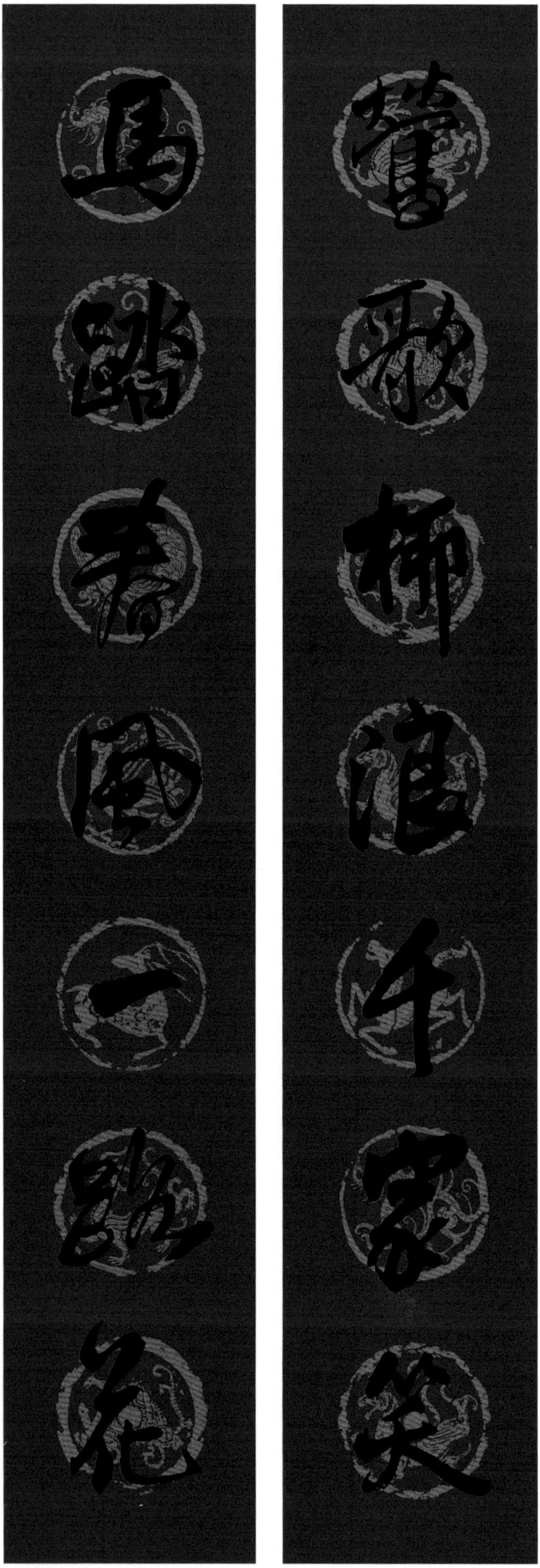

莺歌柳浪千家笑
马踏春风一路花

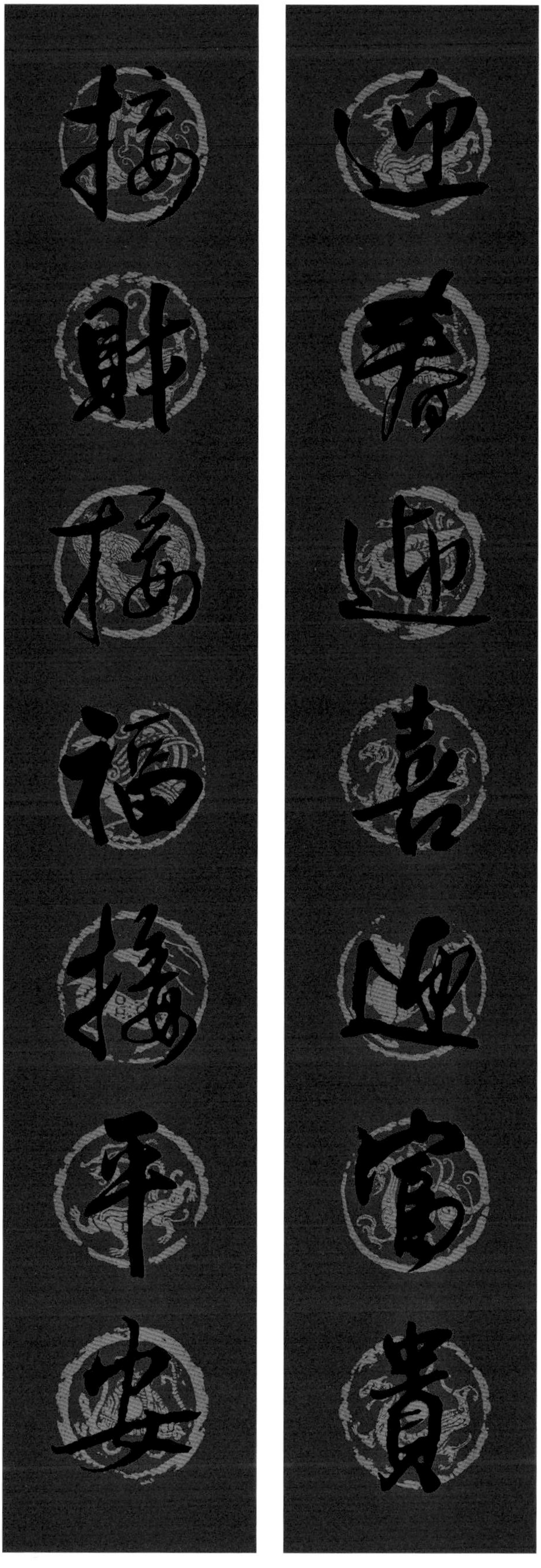

迎春迎喜迎富贵
接财接福接平安

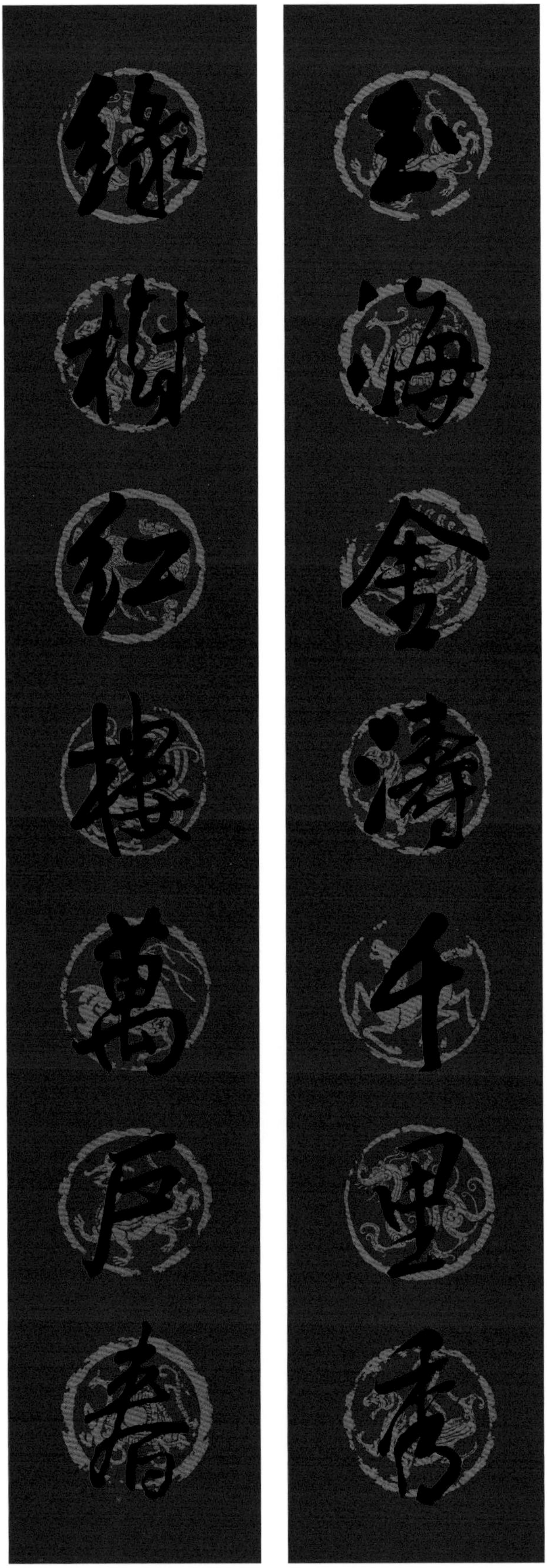

玉海金涛千里秀
绿树红楼万户春

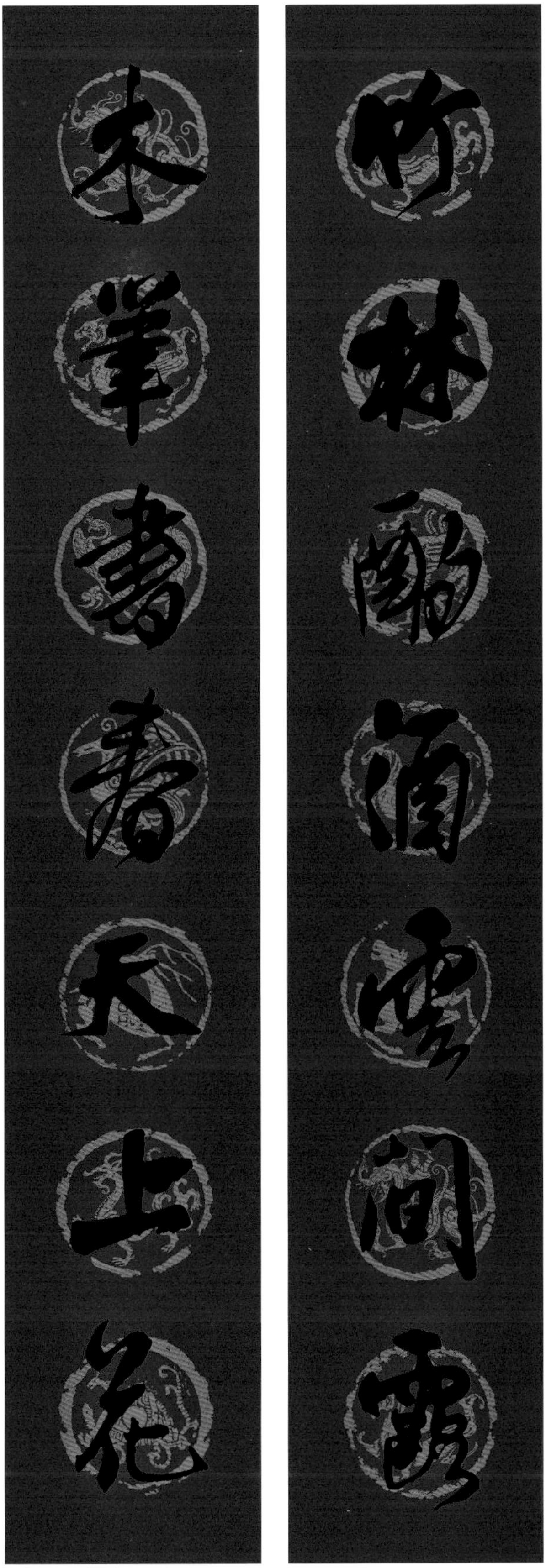

竹林酌酒云间露
木笔书春天上花

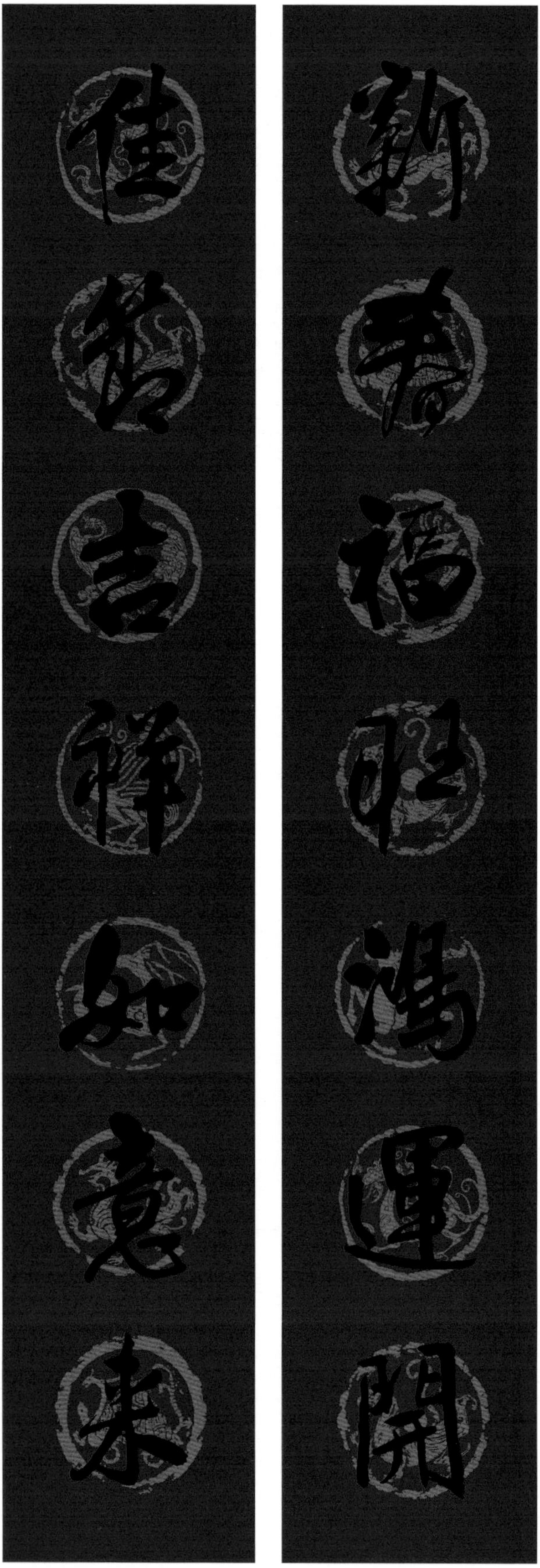

新春福旺鸿运开
佳节吉祥如意来

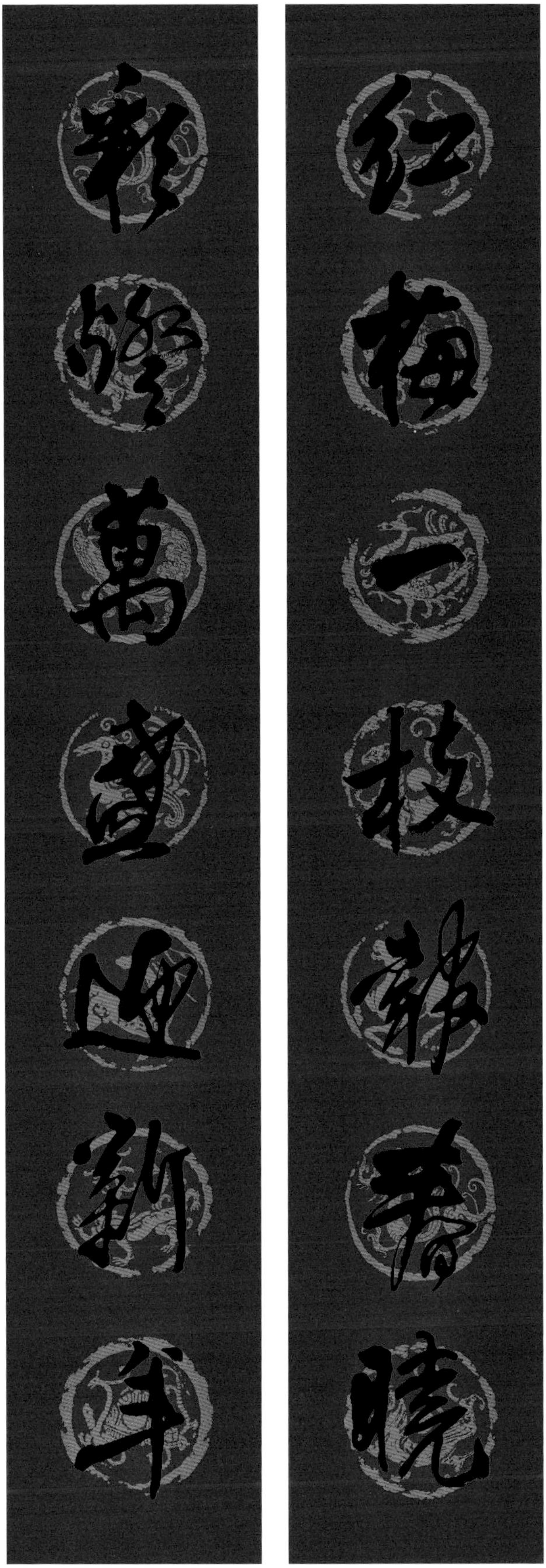

红梅一枝报春晓
彩灯万盏迎新年

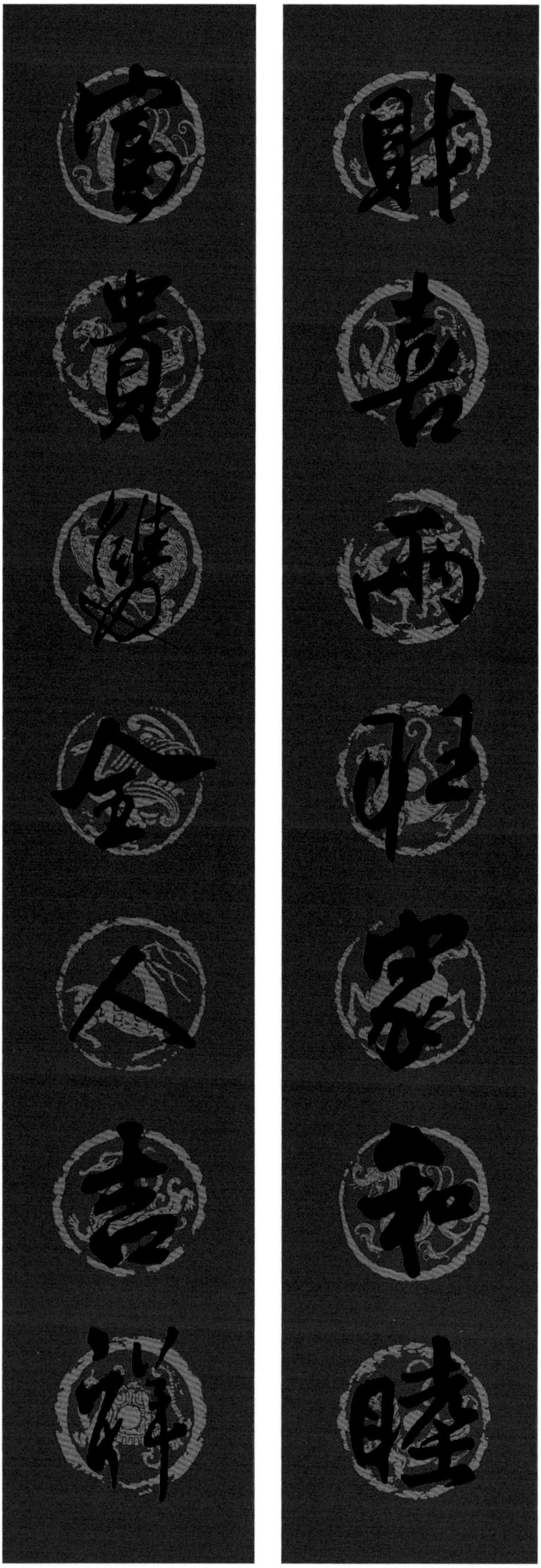

财喜两旺家和睦
富贵双全人吉祥

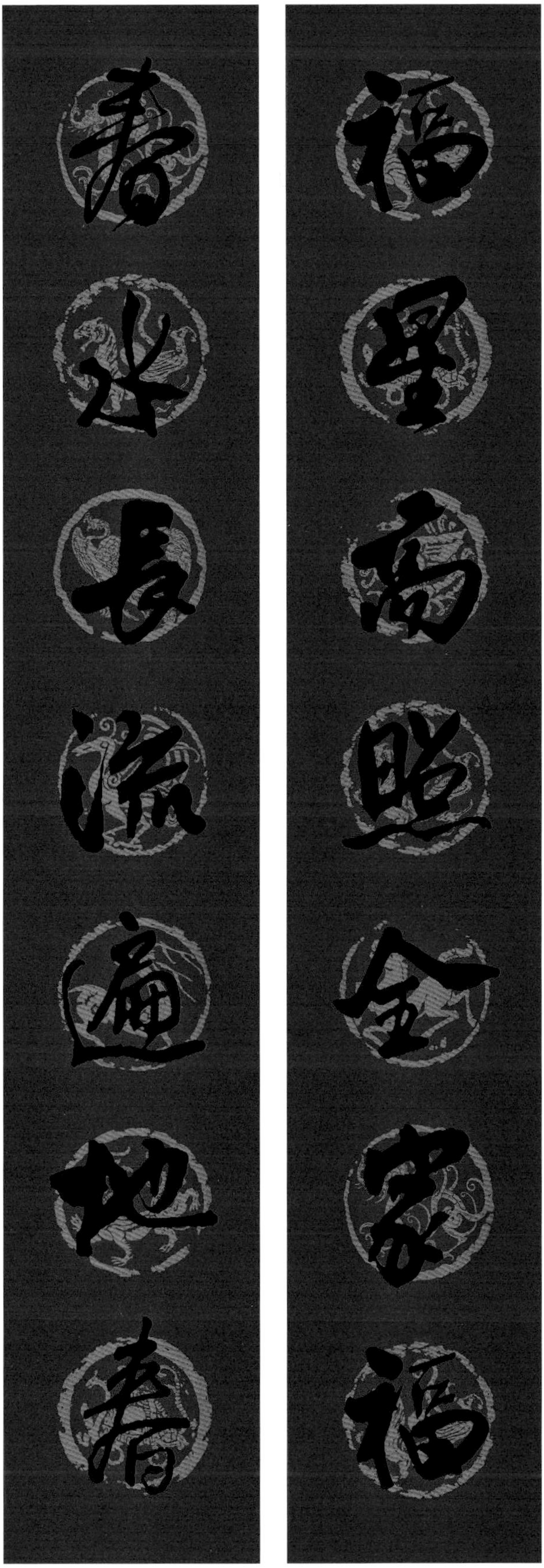

福星高照全家福
春水长流遍地春

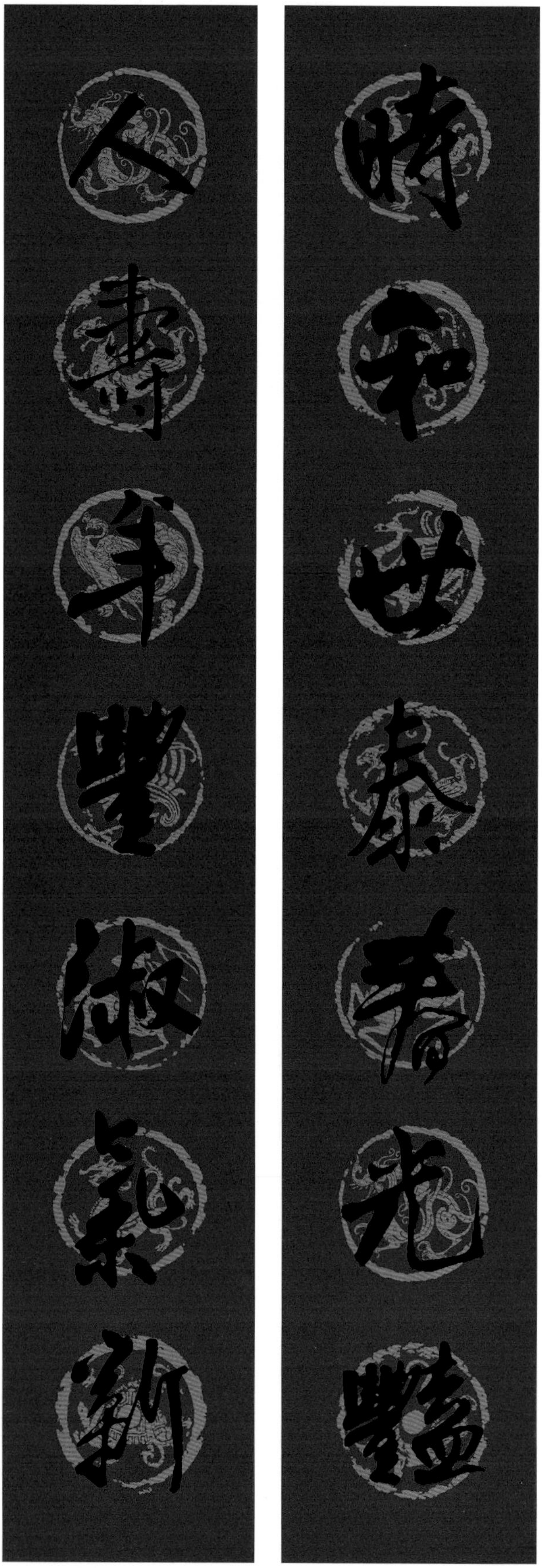

时和世泰春光艳
人寿年丰淑气新

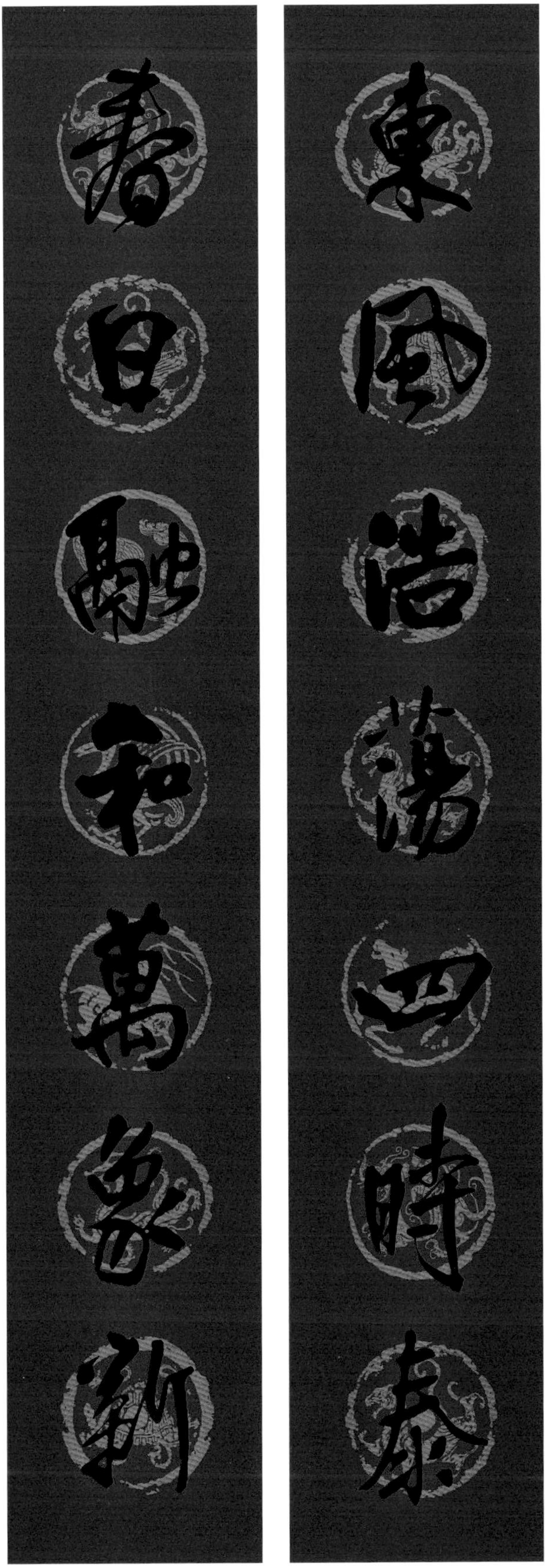

东风浩荡四时泰
春日融和万象新

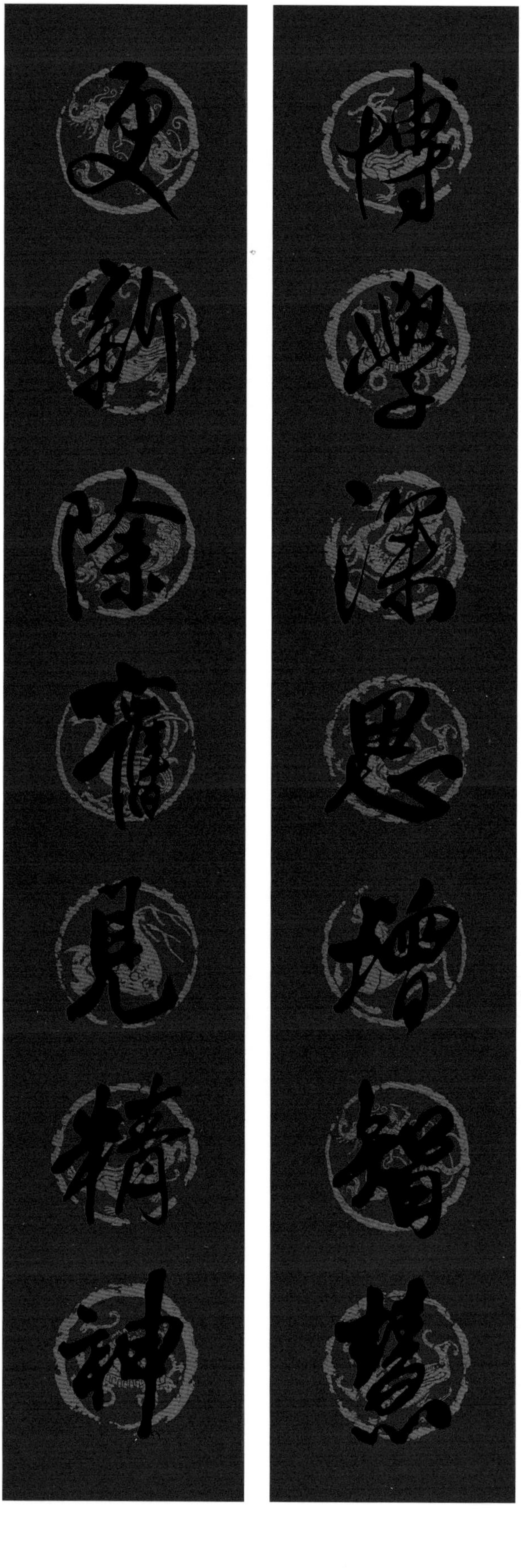

博学深思增智慧
更新除旧见精神

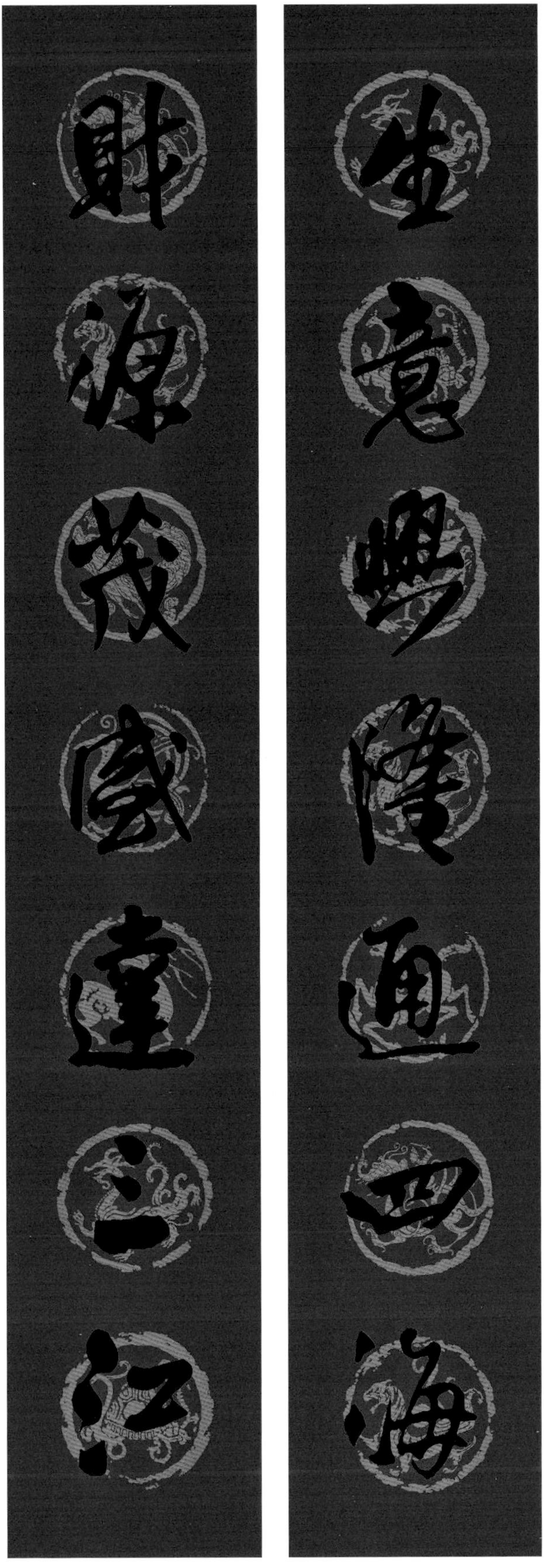

生意兴隆通四海
财源茂盛达三江

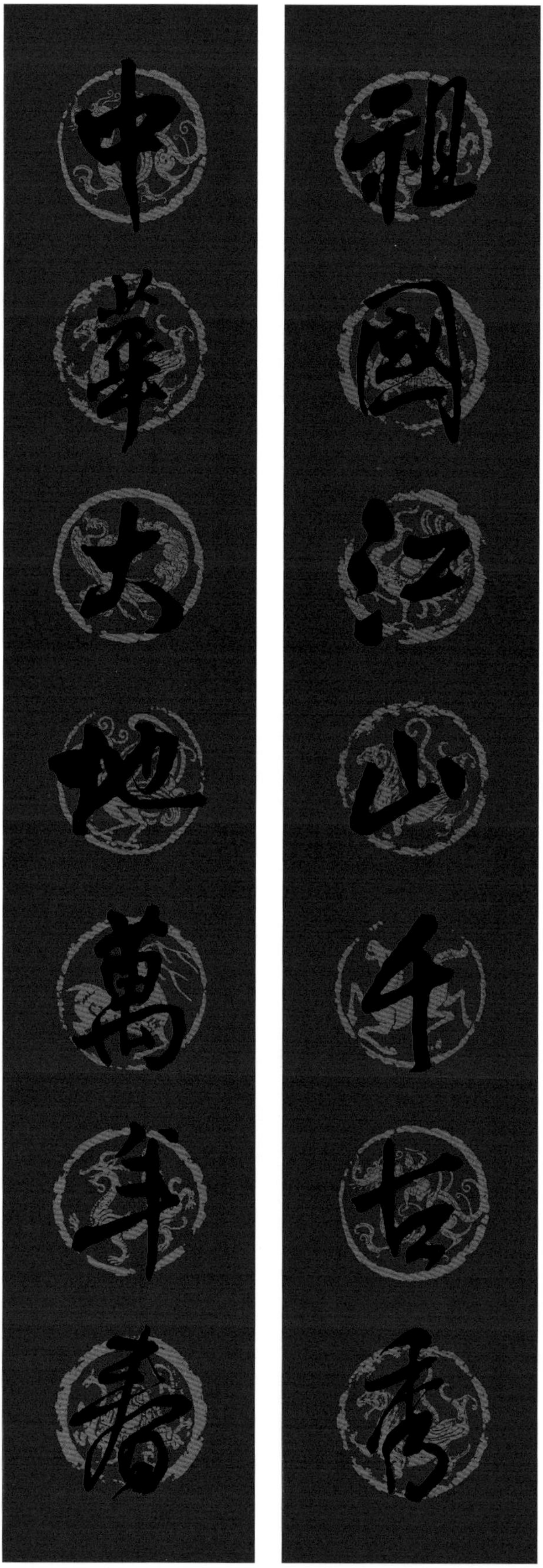

祖国江山千古秀
中华大地万年春

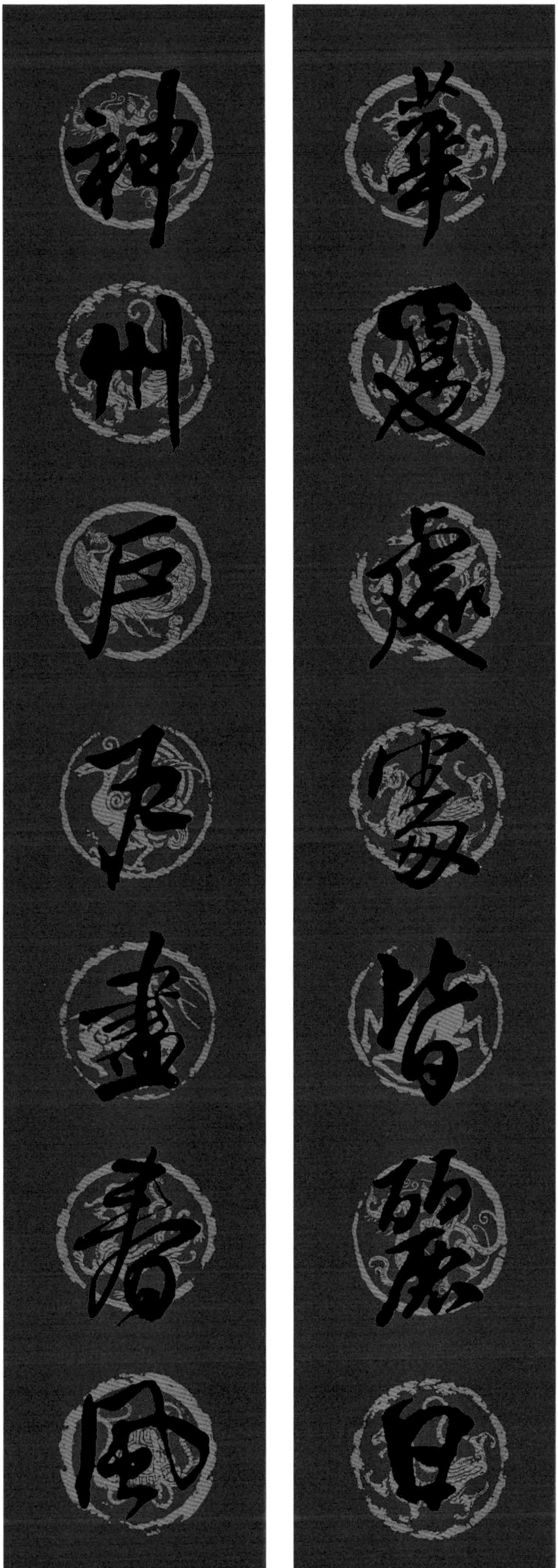

华夏处处皆丽日
神州户户尽春风

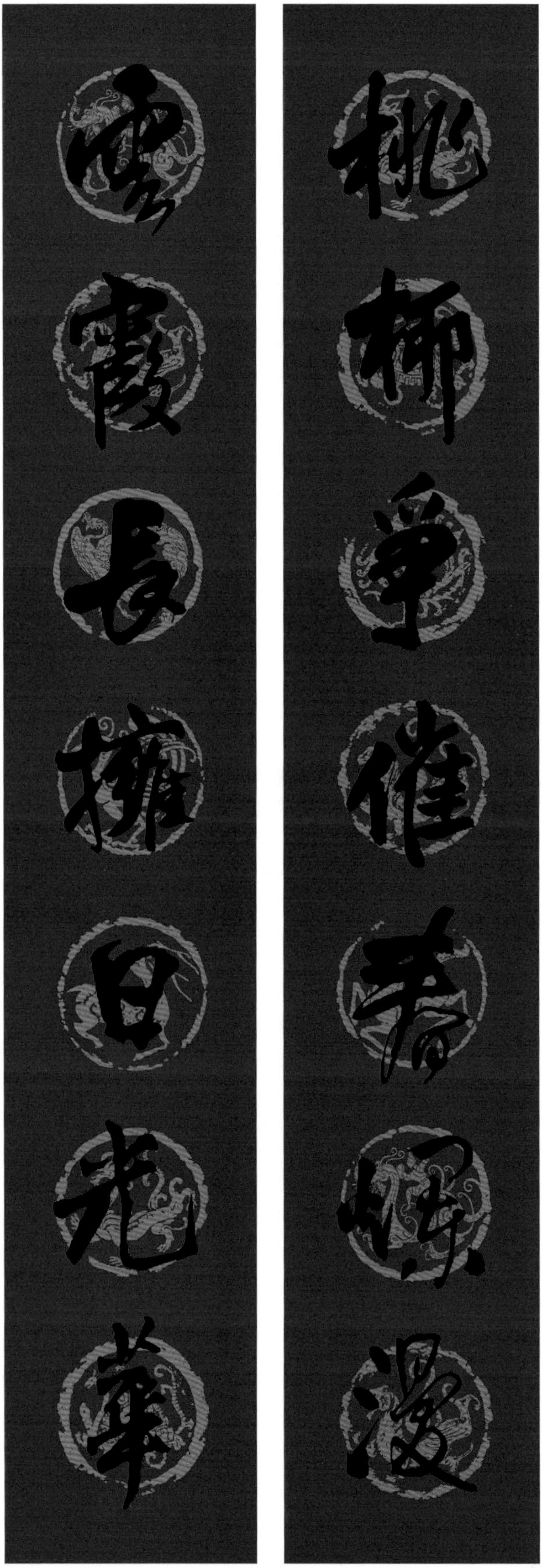

桃柳争催春烂漫
云霞长拥日光华

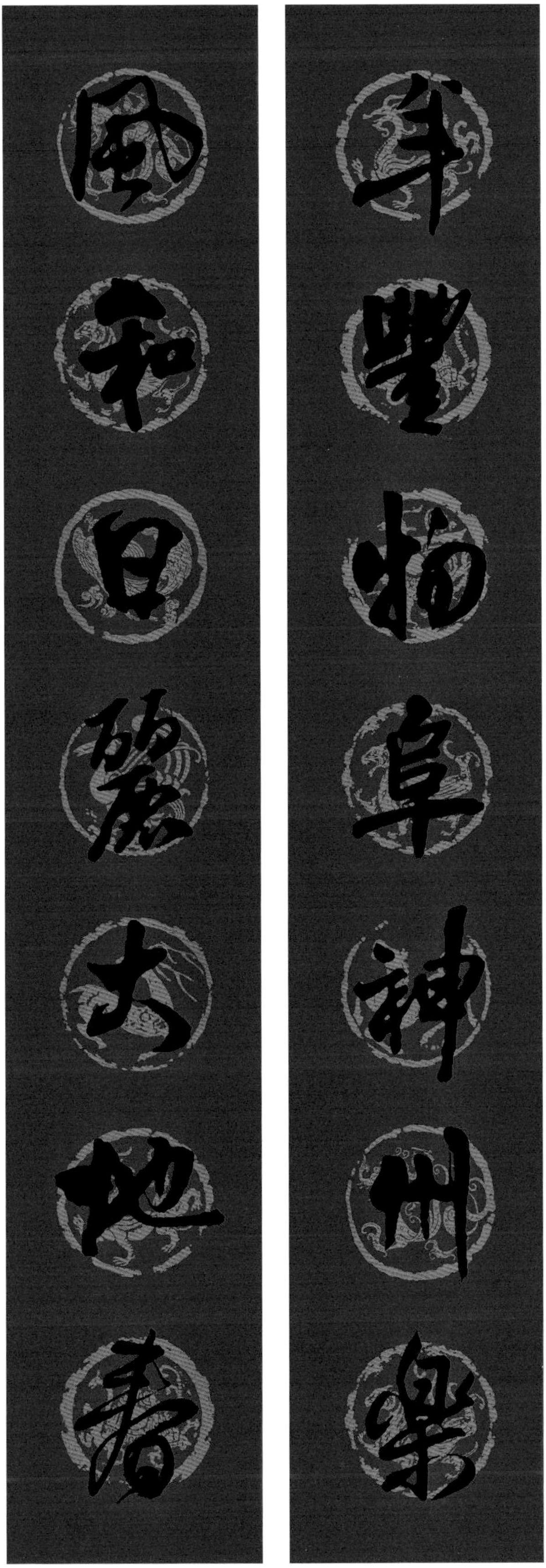

年丰物阜神州乐
风和日丽大地春

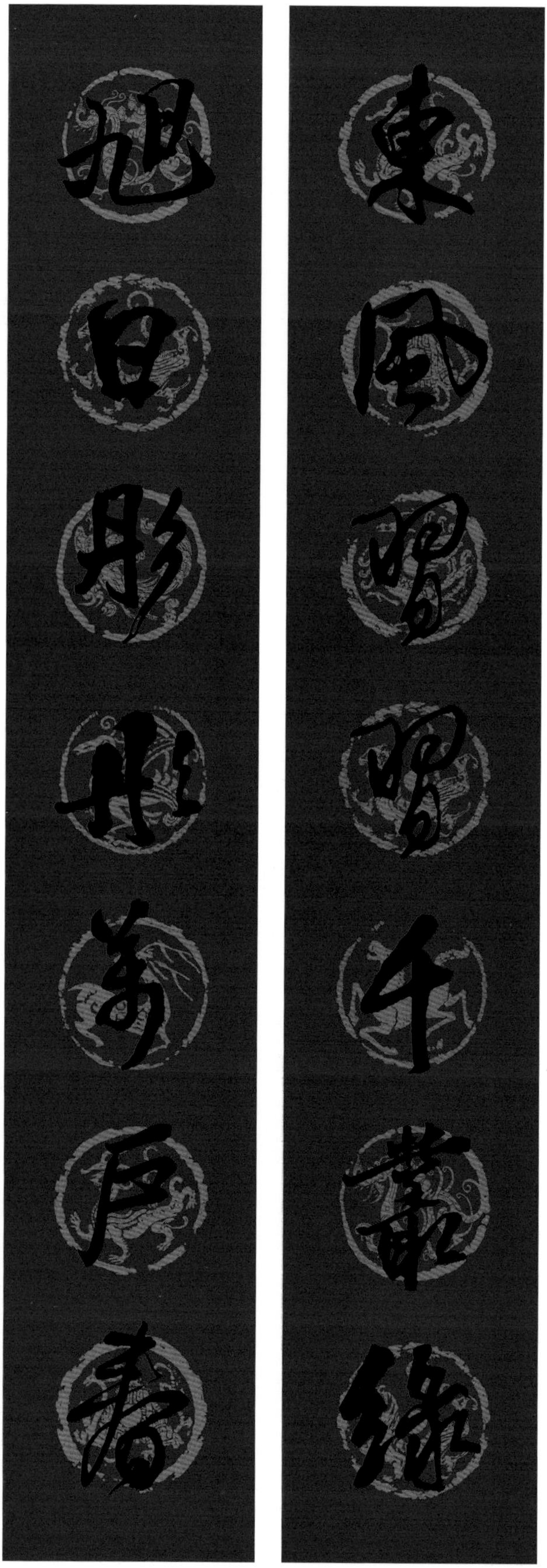

东风习习千丛绿
旭日彤彤万户春

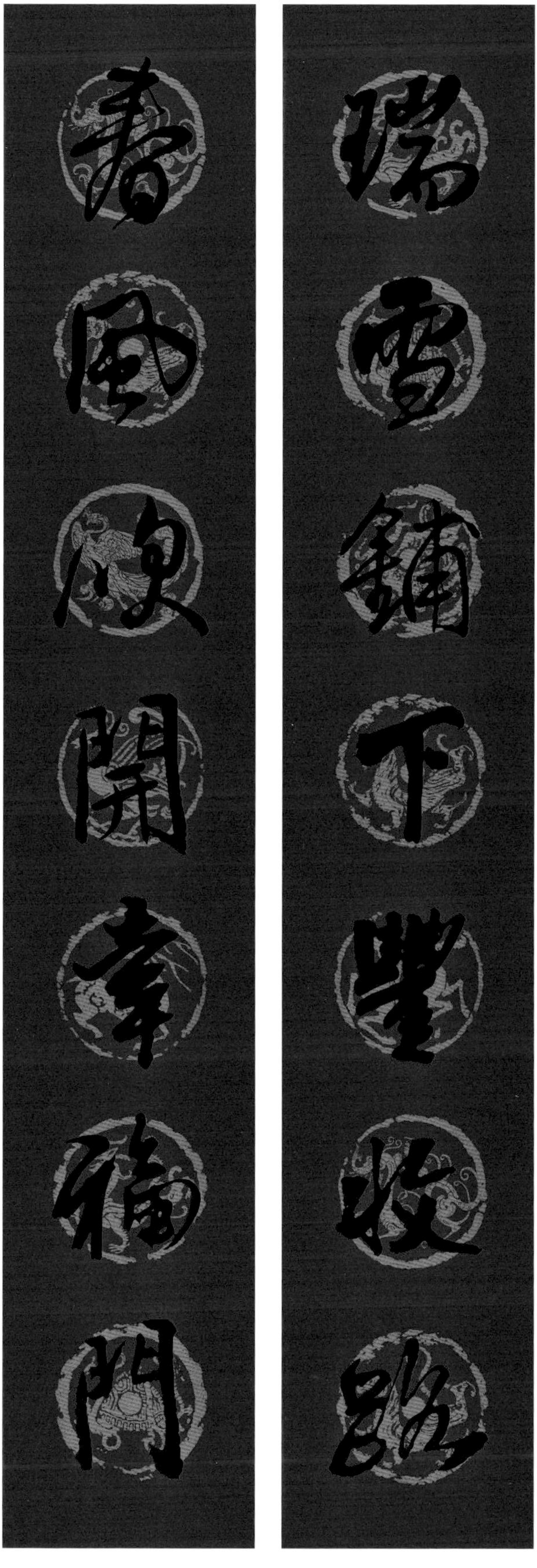

瑞雪铺下丰收路
春风吹开幸福门

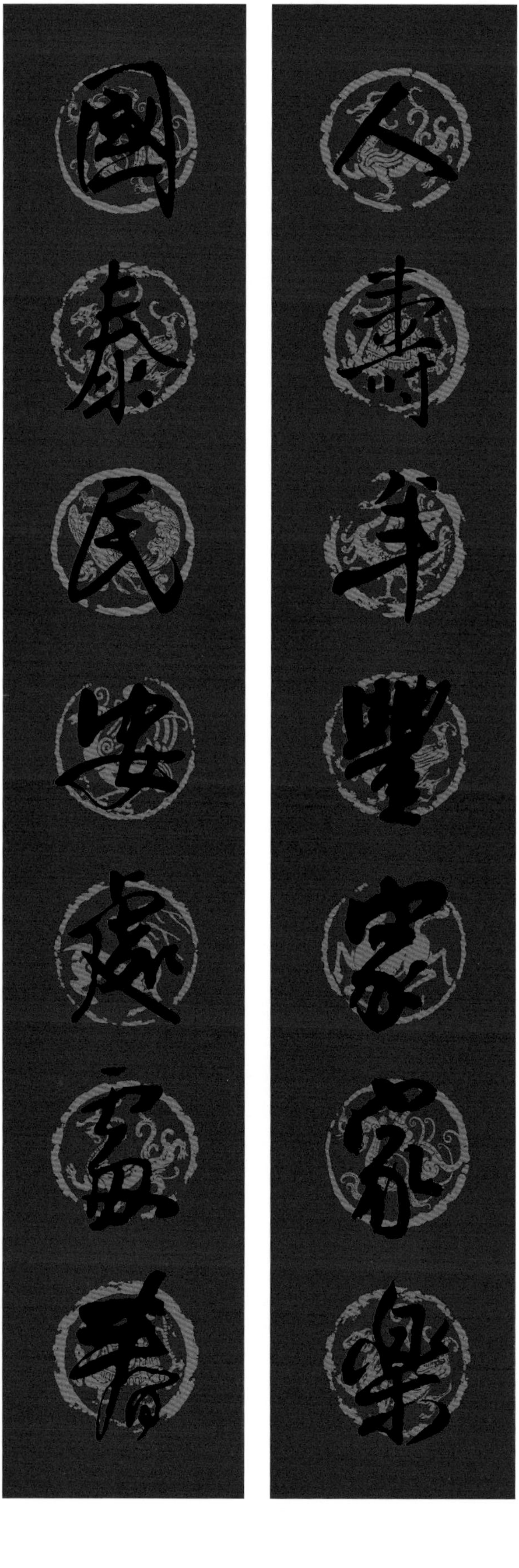

人寿年丰家家乐
国泰民安处处春

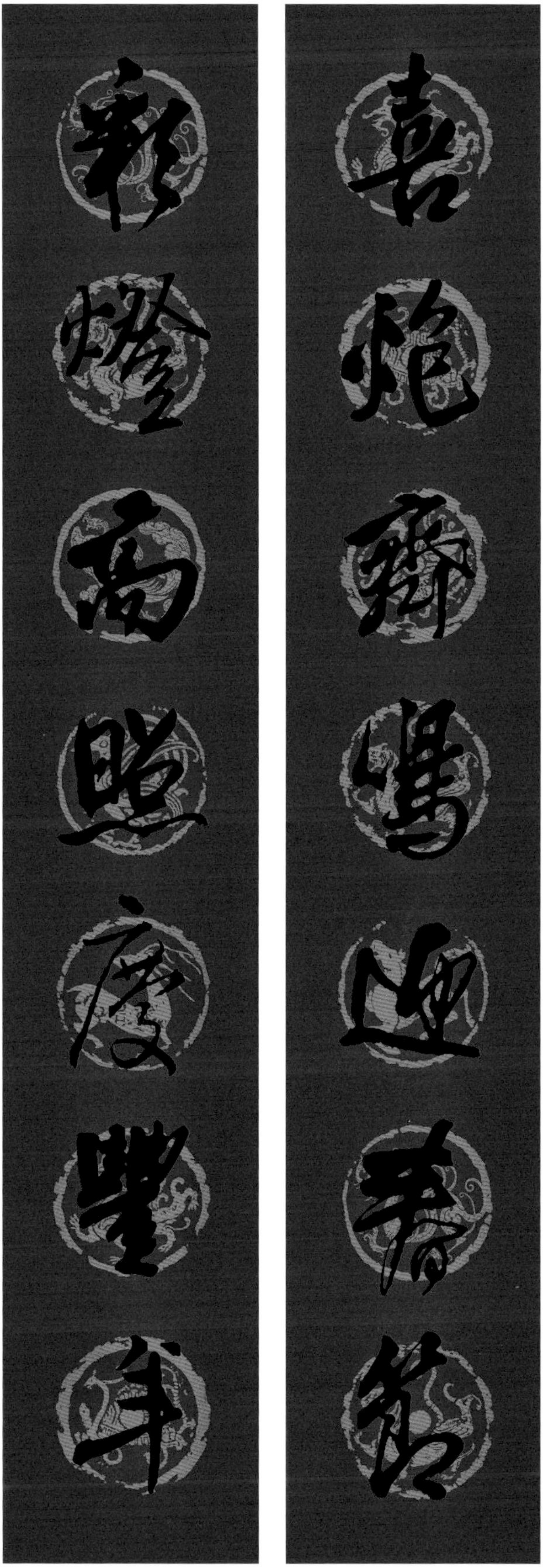

喜炮齐鸣迎春节
彩灯高照庆丰年

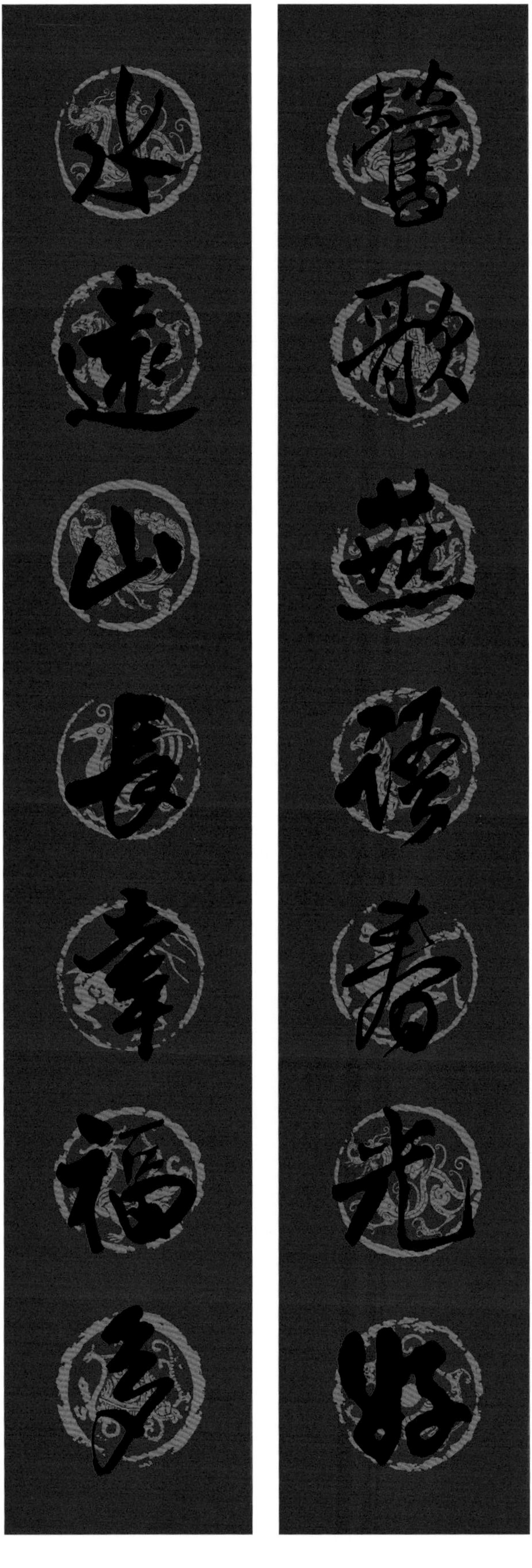

莺歌燕语春光好
水远山长幸福多

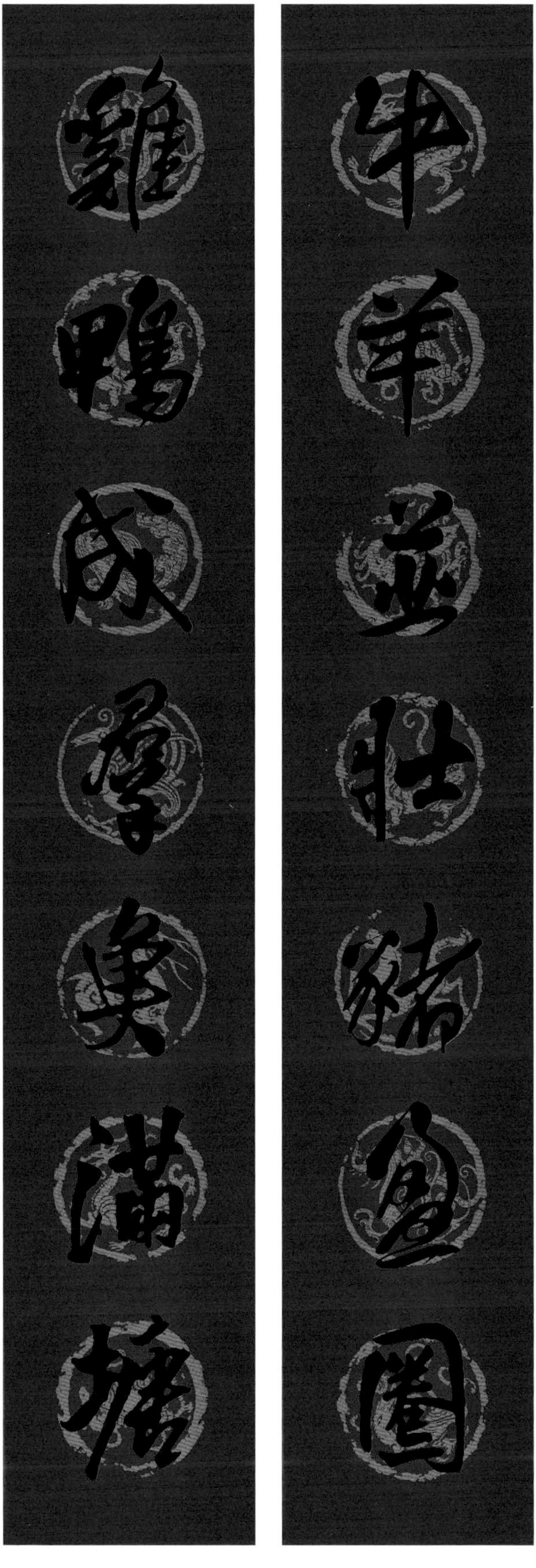

牛羊并壮猪盈圈
鸡鸭成群鱼满塘

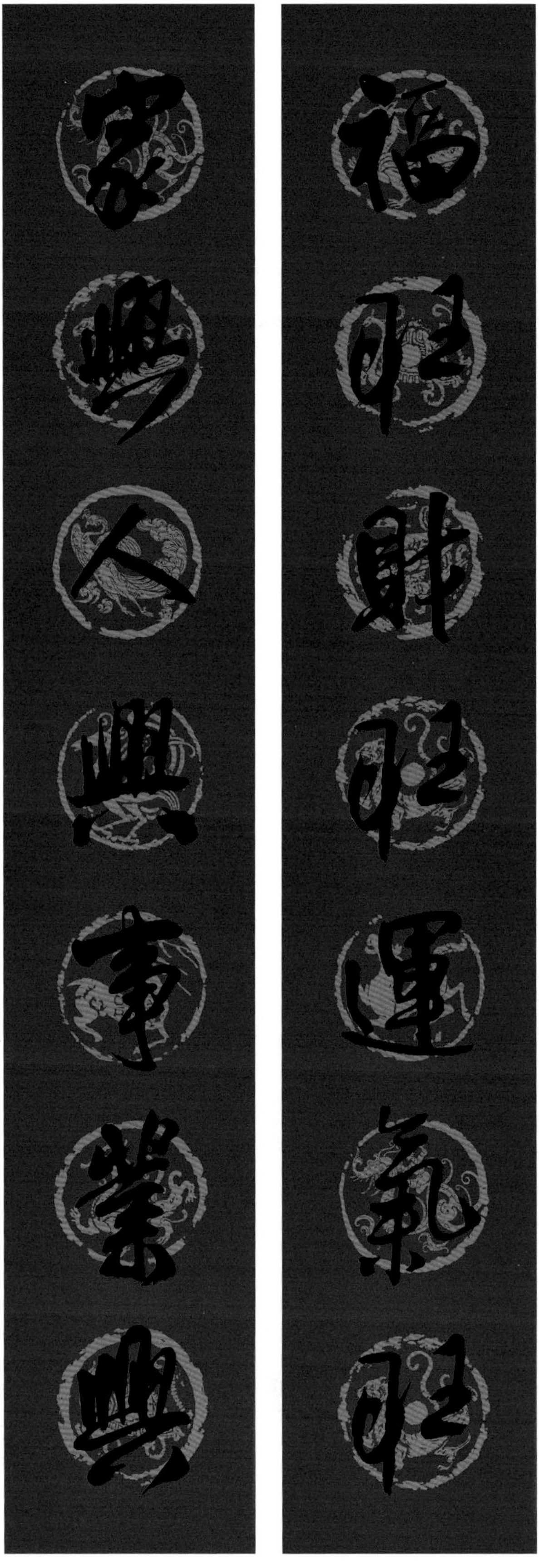

福旺财旺运气旺
家兴人兴事业兴

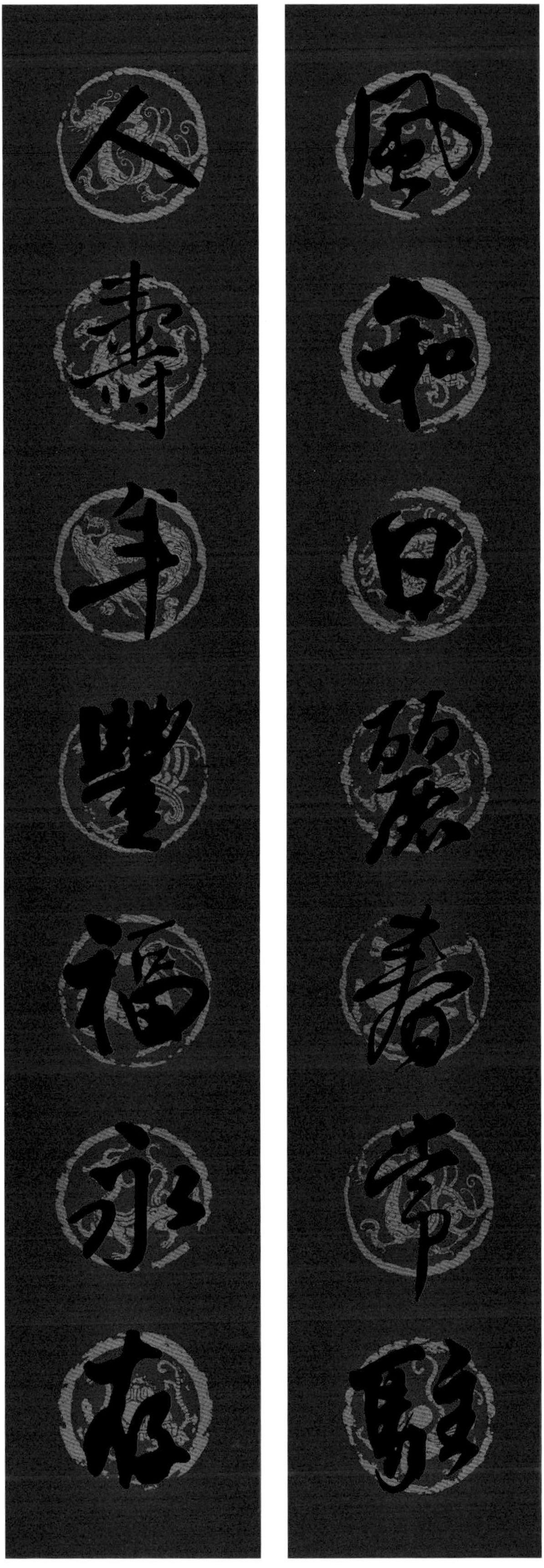

风和日丽春常驻
人寿年丰福永存

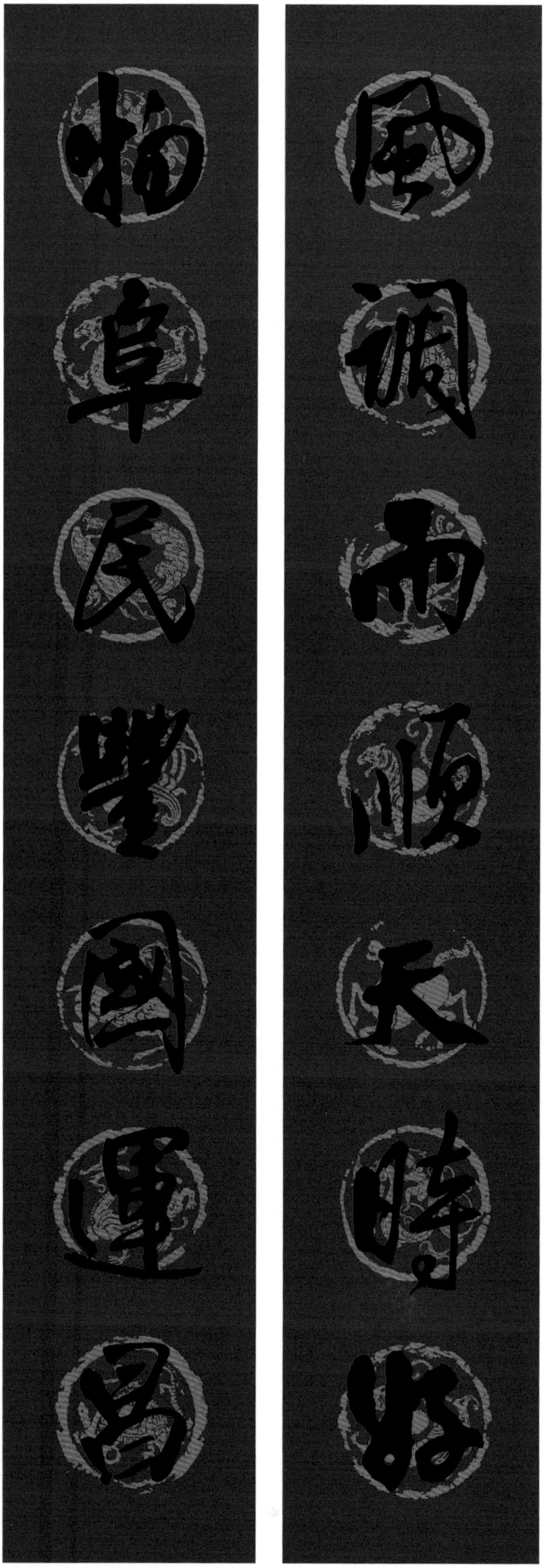

风调雨顺天时好
物阜民丰国运昌

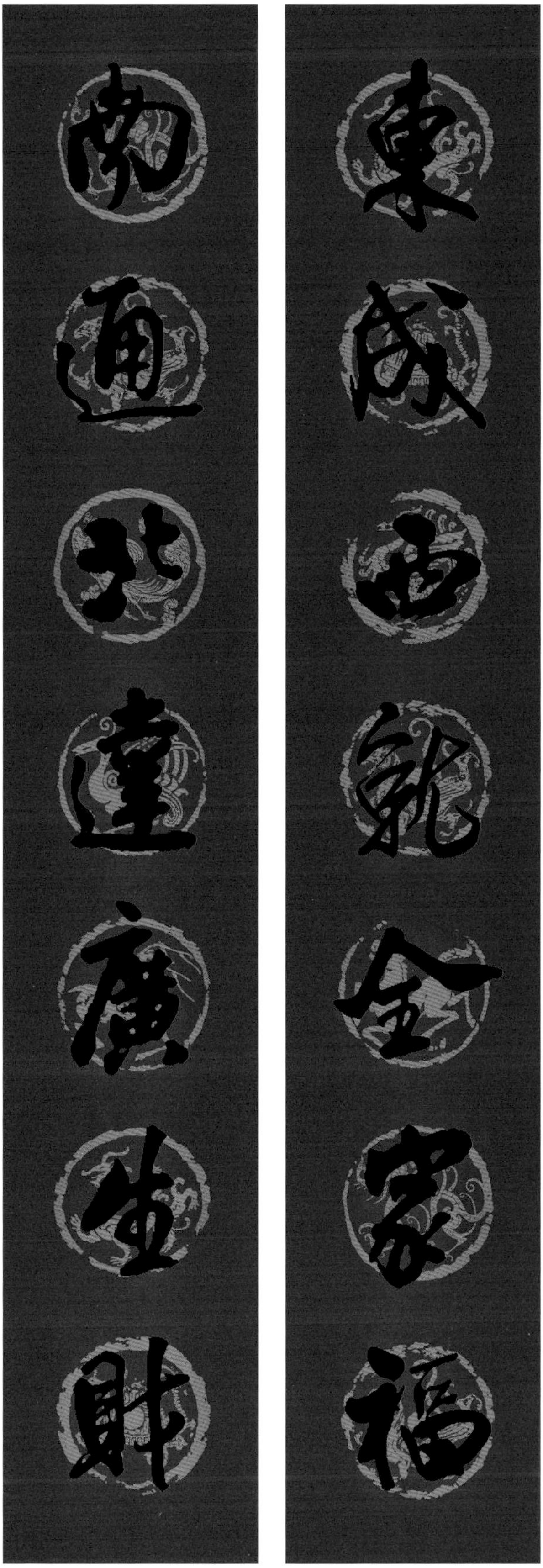

东成西就全家福
南通北达广生财

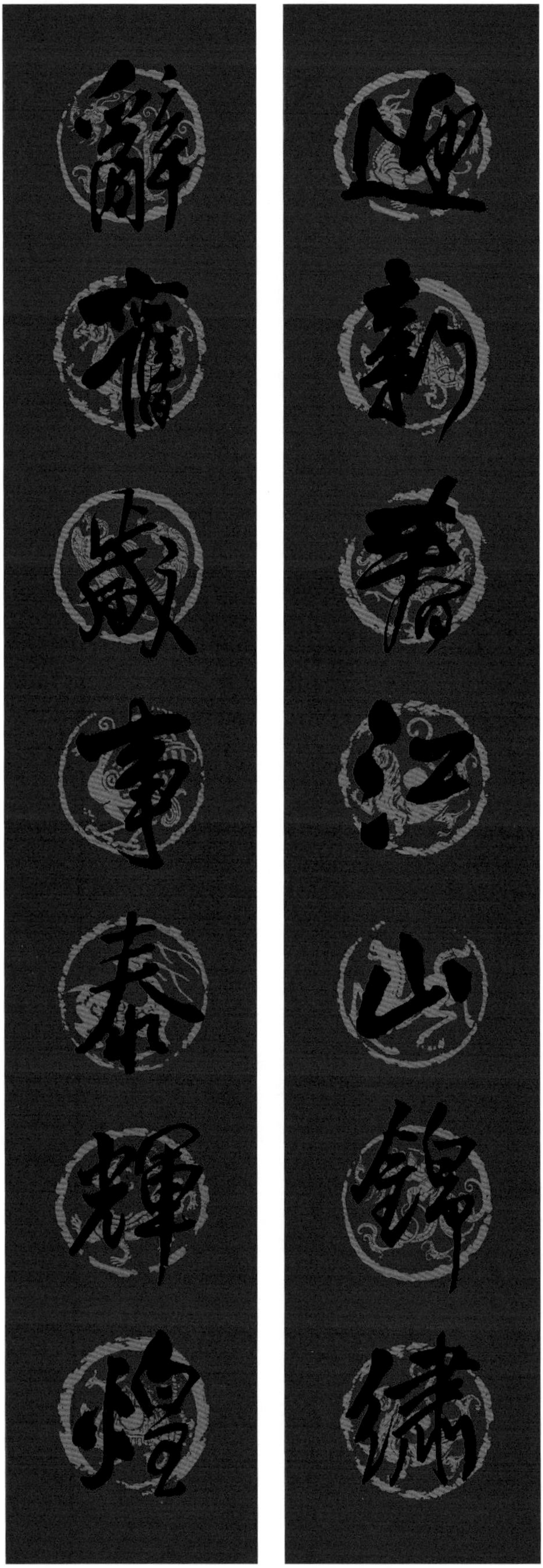

迎新春江山锦绣
辞旧岁事泰辉煌

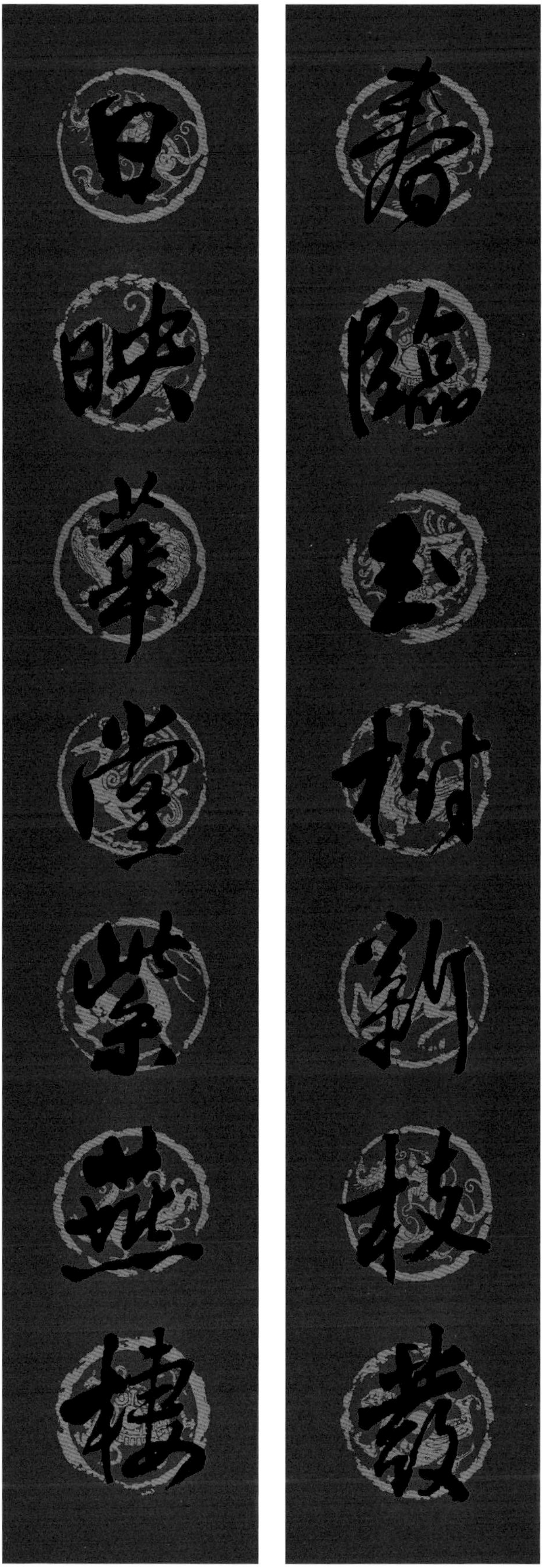

春临玉树新枝发
日映华堂紫燕栖

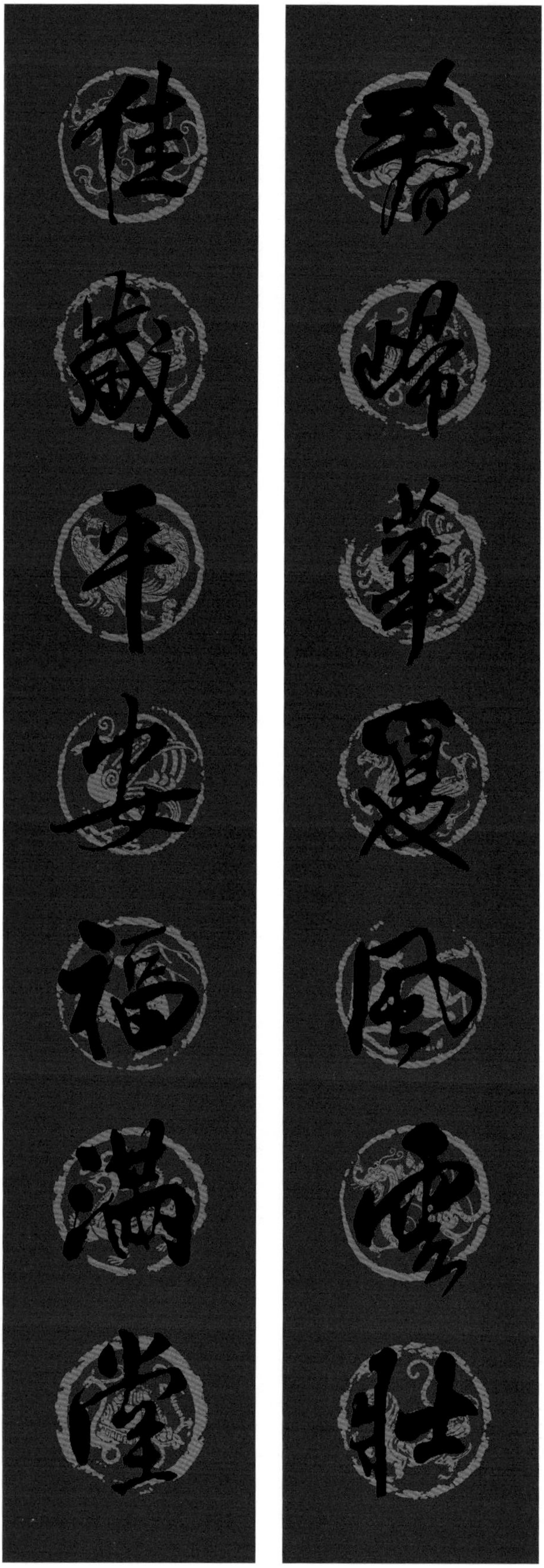

春归华夏风云壮
佳岁平安福满堂

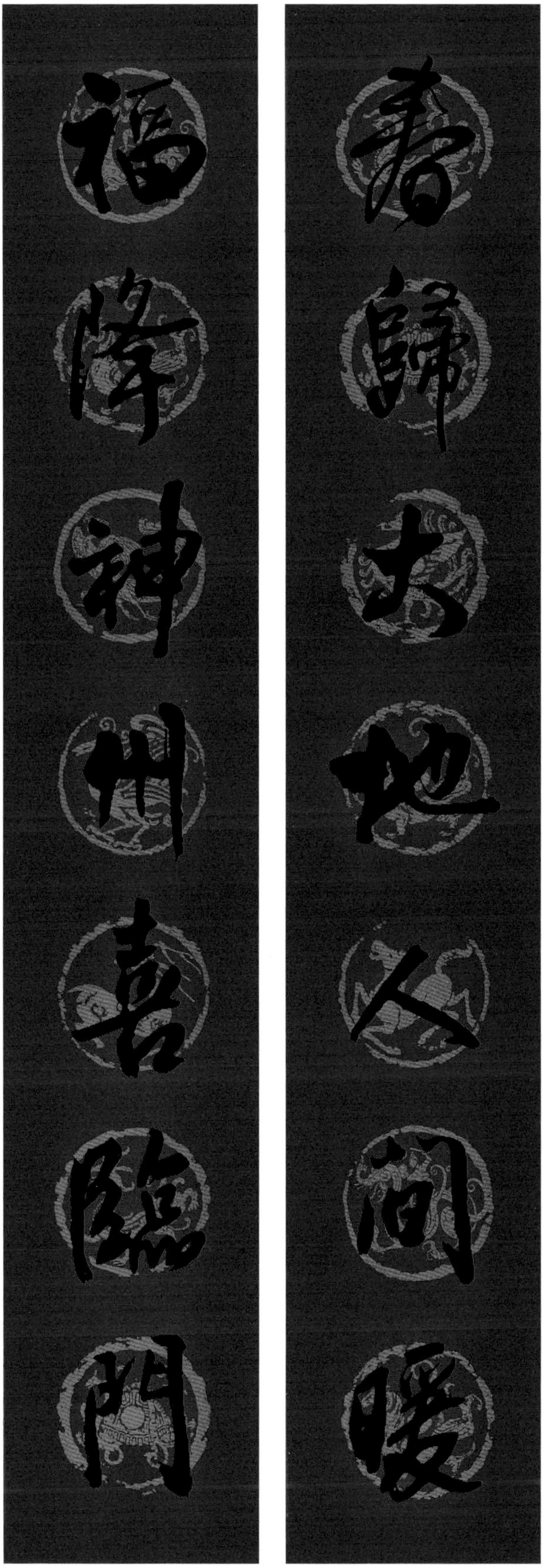

春归大地人间暖
福降神州喜临门

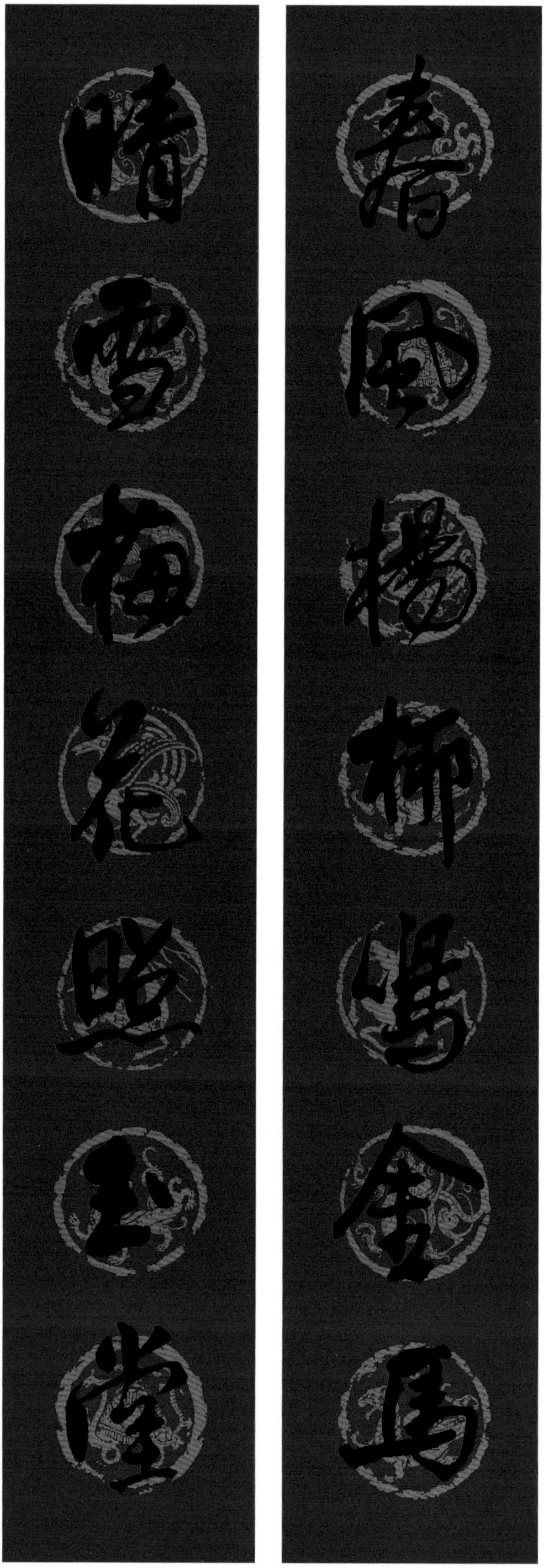

春风杨柳鸣金马
晴雪梅花照玉堂

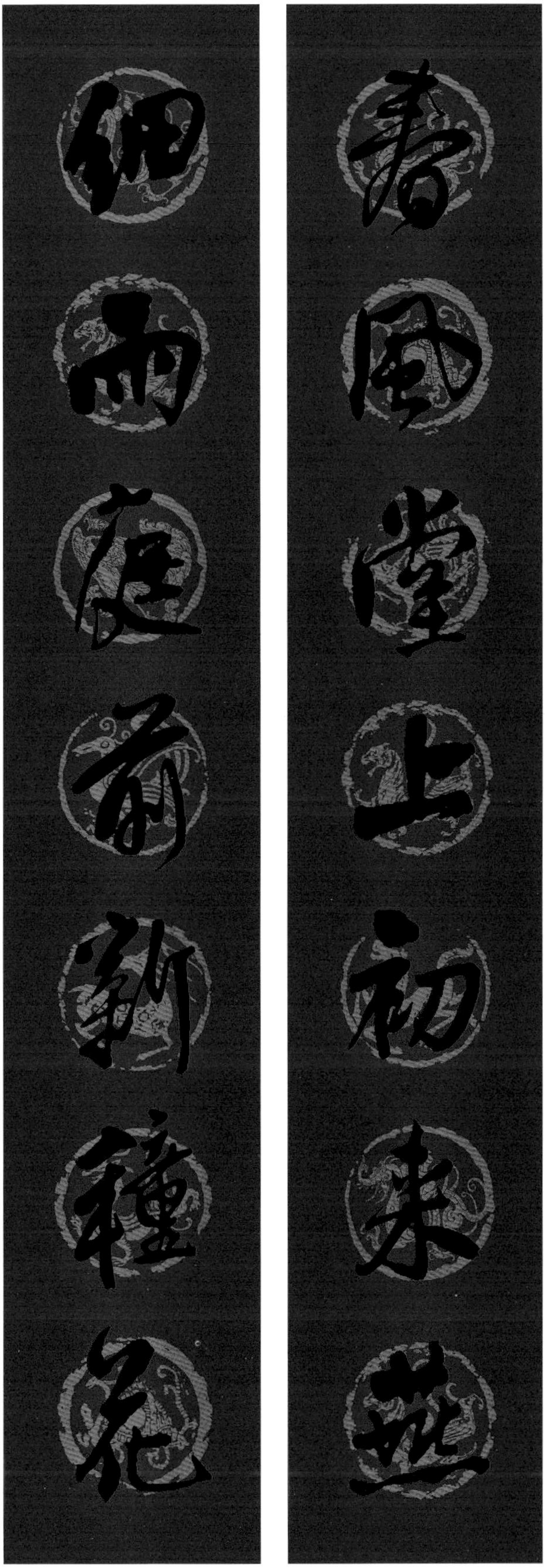

春风堂上初来燕
细雨庭前新种花

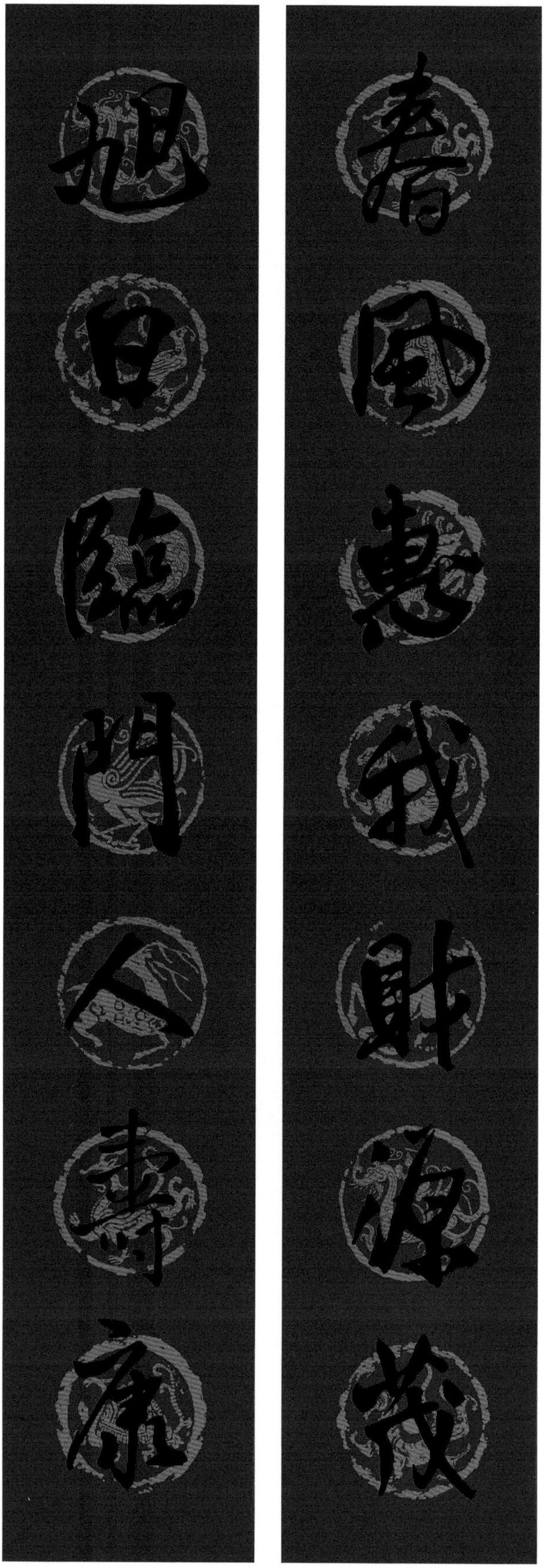

春风惠我财源茂
旭日临门人寿康

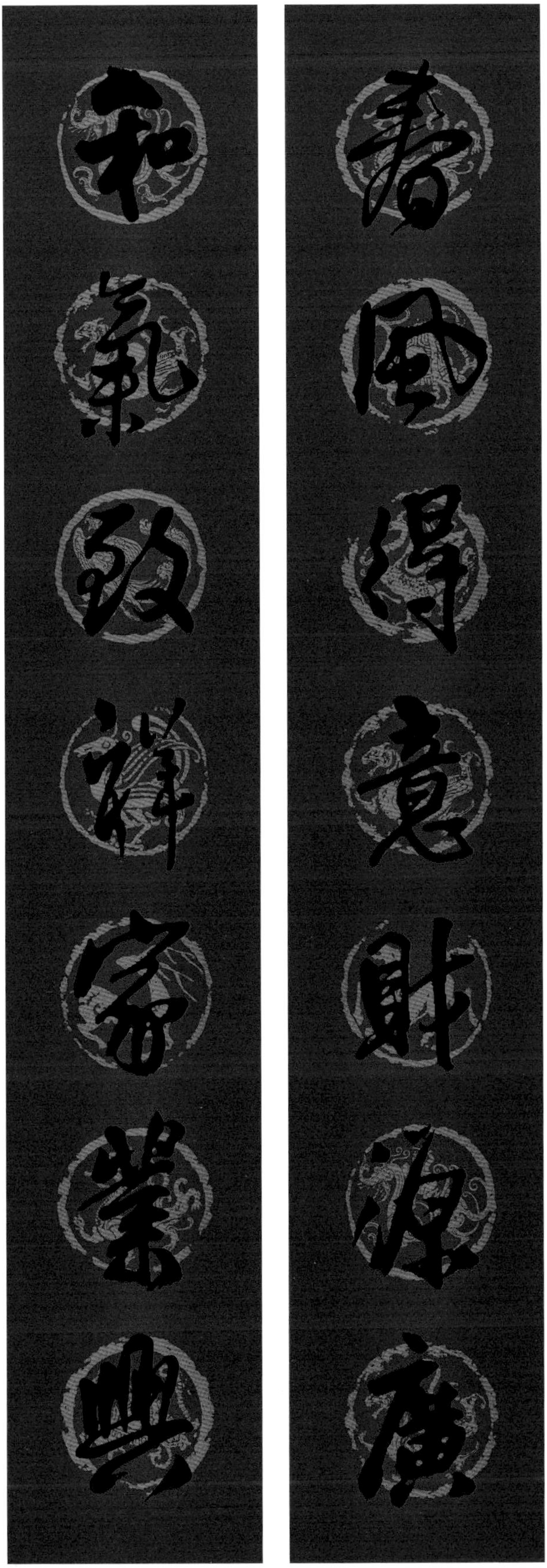

春风得意财源广
和气致祥家业兴

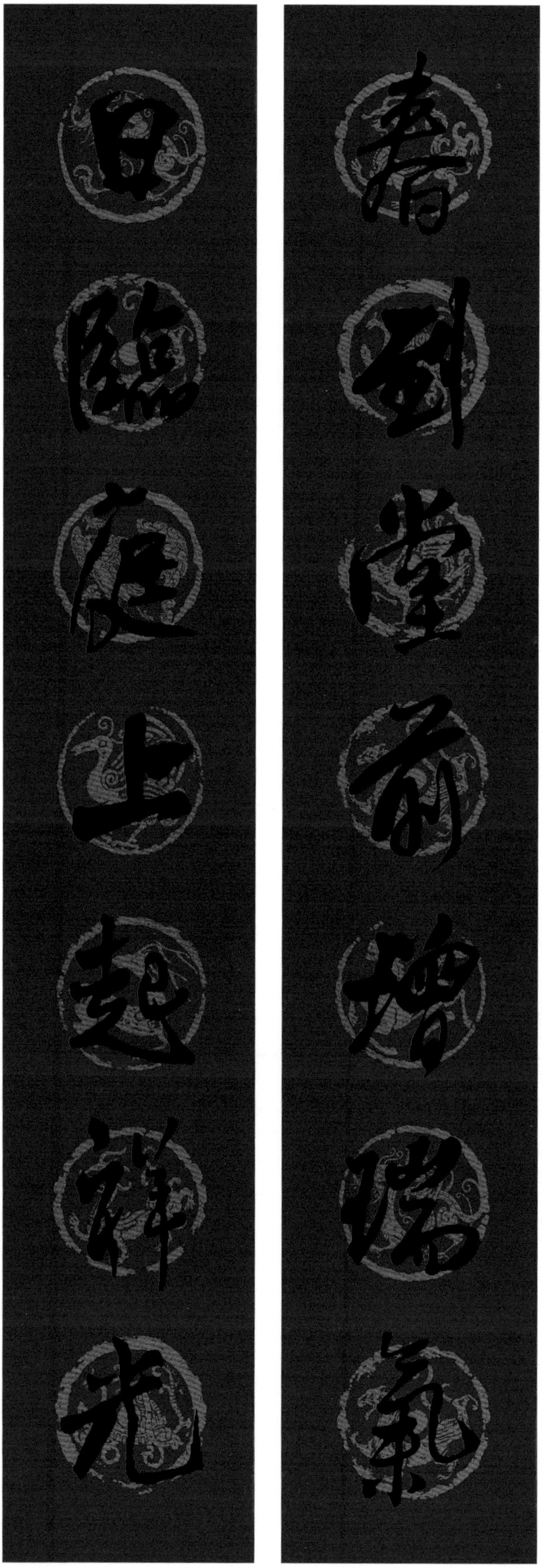

春到堂前增瑞气
日临庭上起祥光

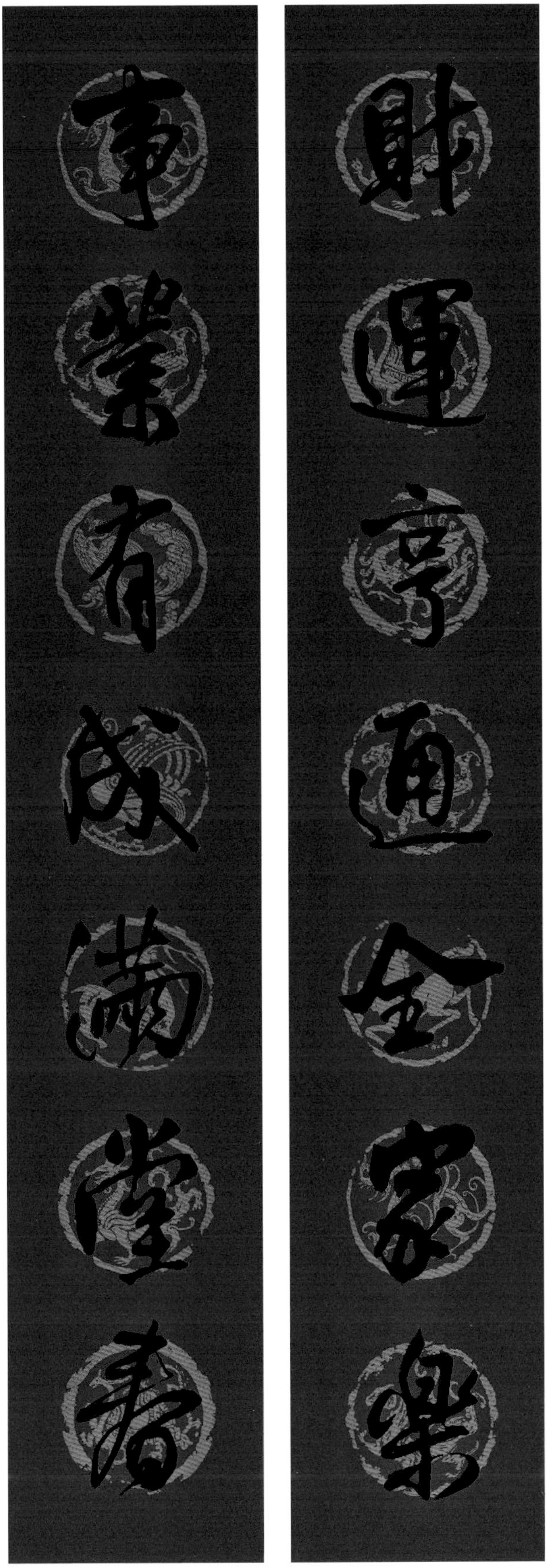

财运亨通全家乐
事业有成满堂春

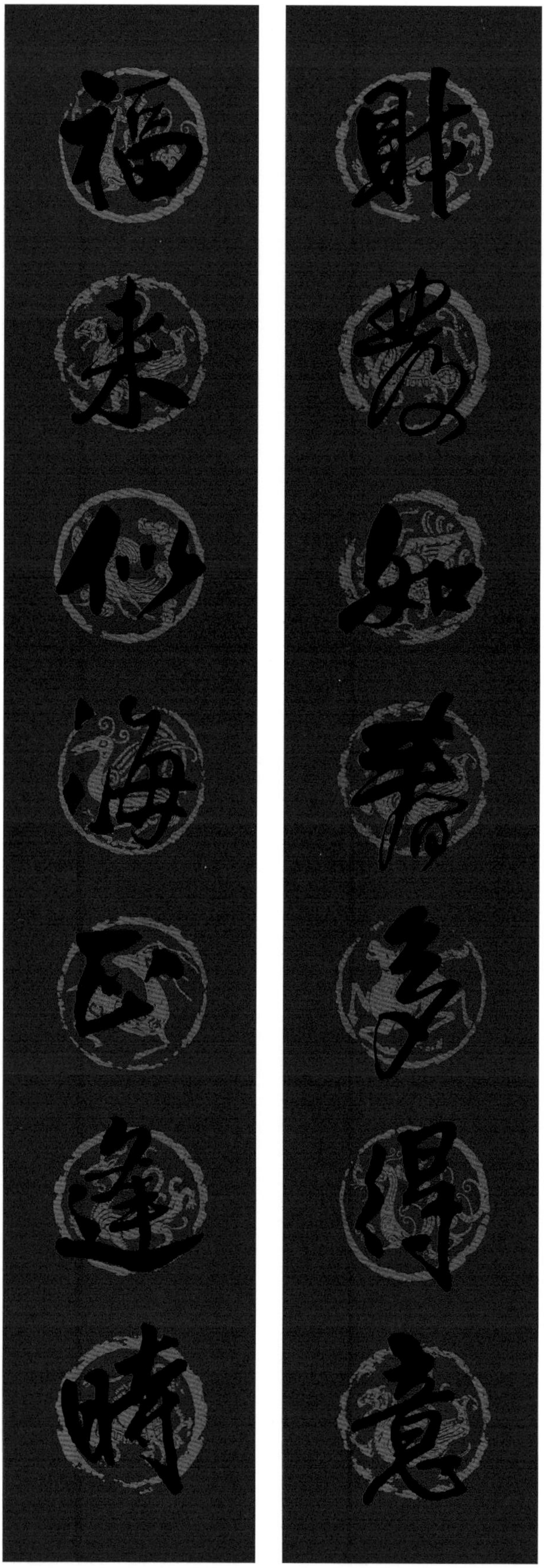

财发如春多得意
福来似海正逢时

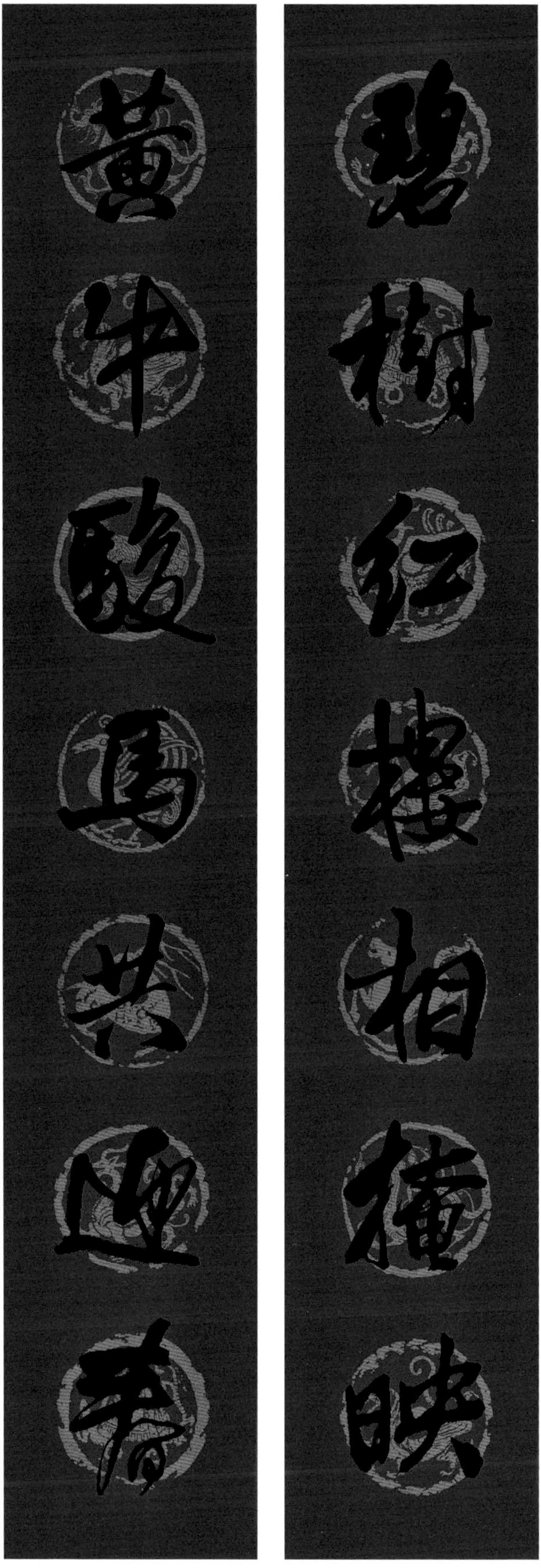

碧树红楼相掩映
黄牛骏马共迎春

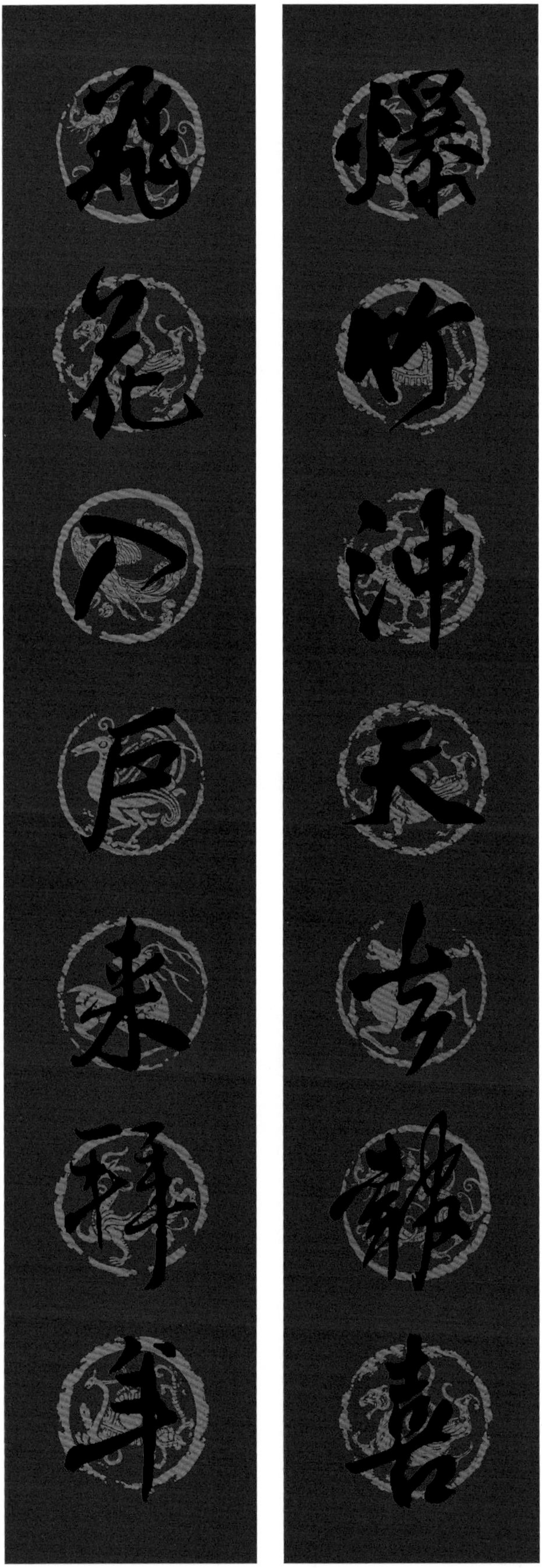

爆竹冲天去报喜
飞花入户来拜年

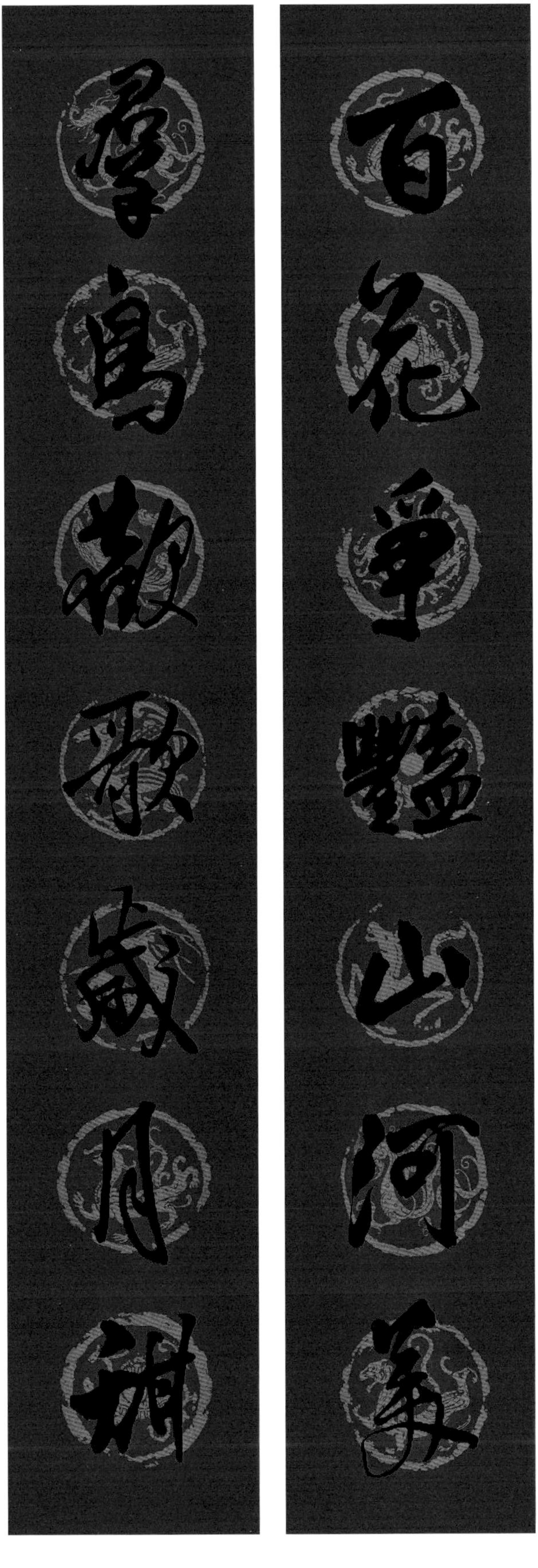

百花争艳山河美
群鸟欢歌岁月甜

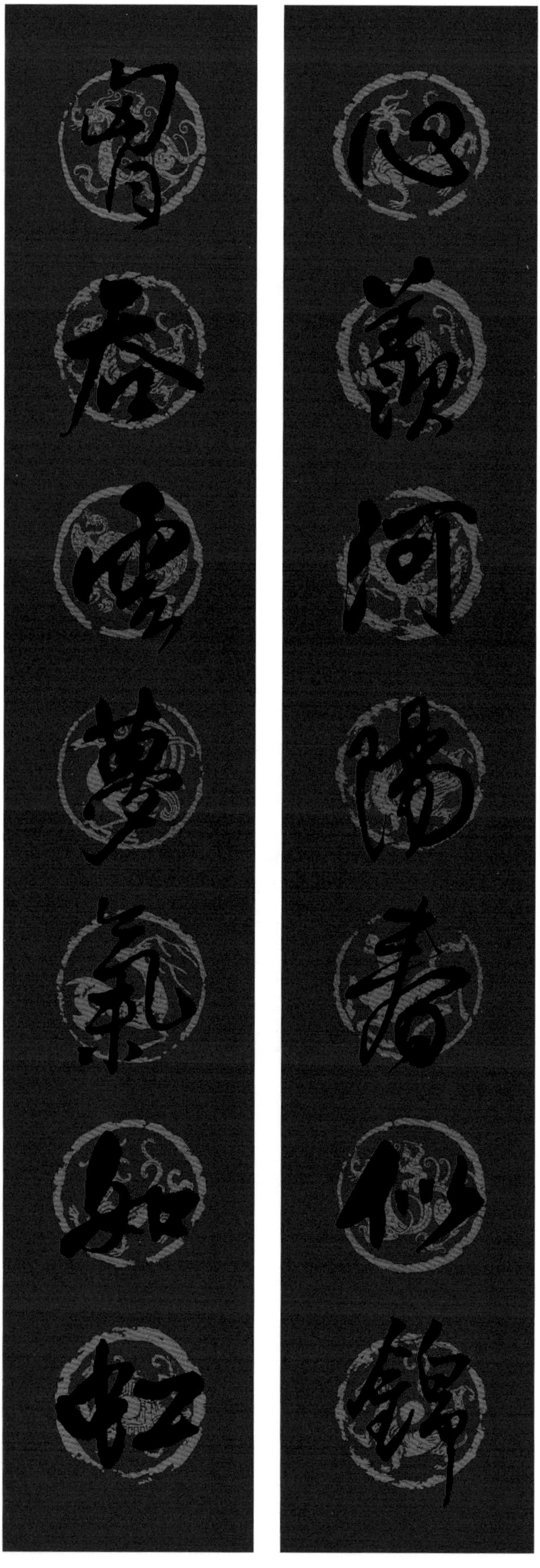

心羡河阳春似锦
胸吞云梦气如虹

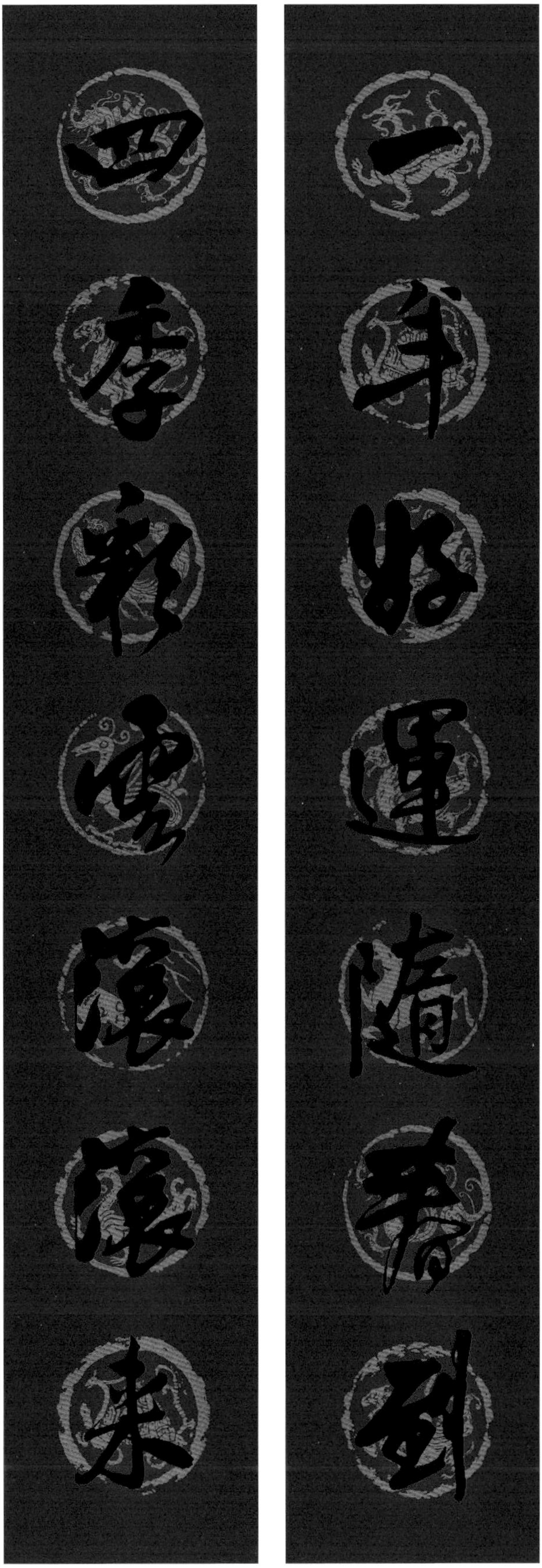

一年好运随春到
四季彩云滚滚来

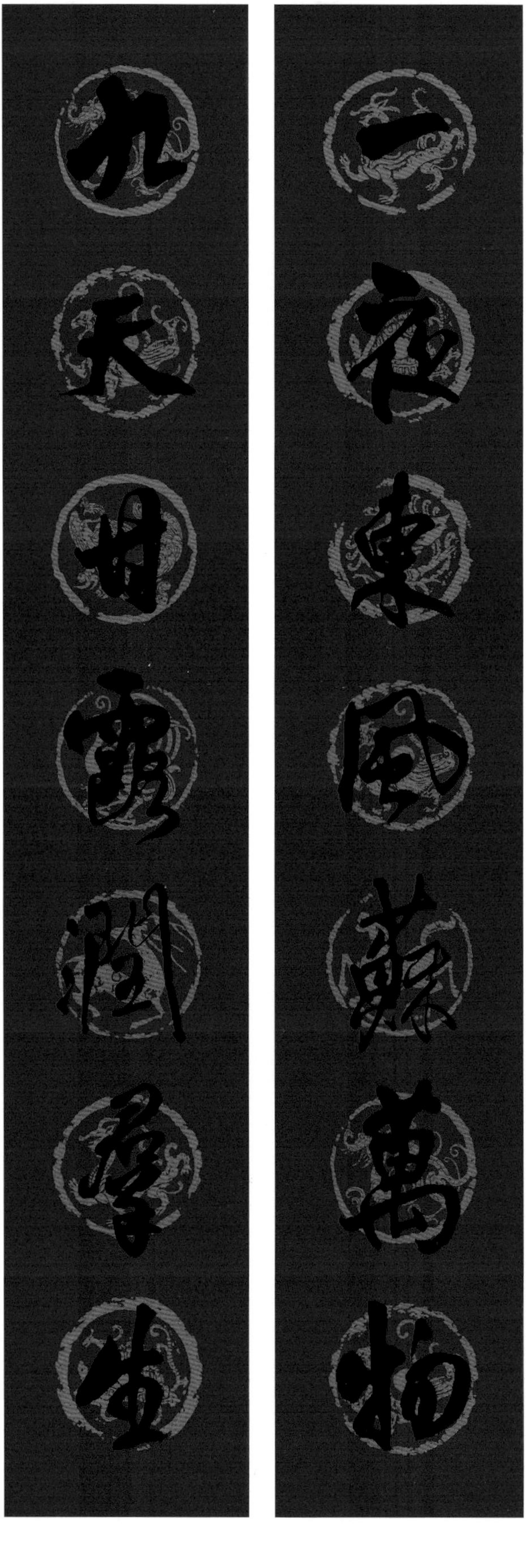

一夜东风苏万物
九天甘露润群生

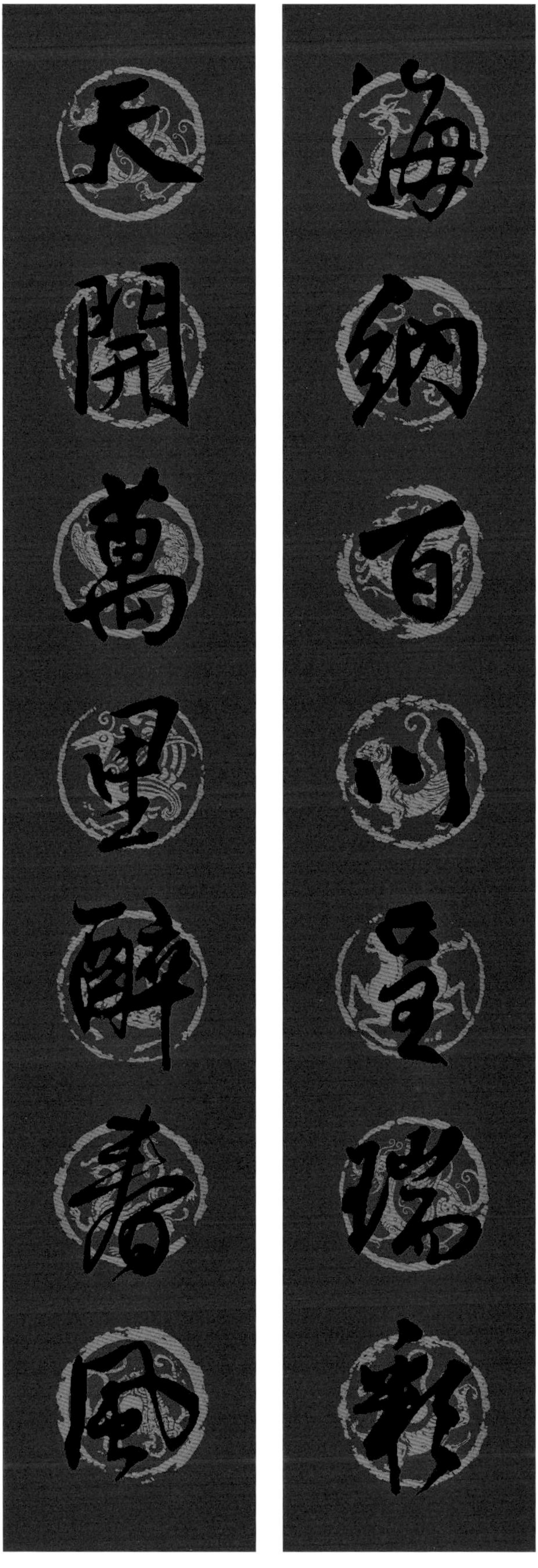

海纳百川呈瑞彩
天开万里醉春风

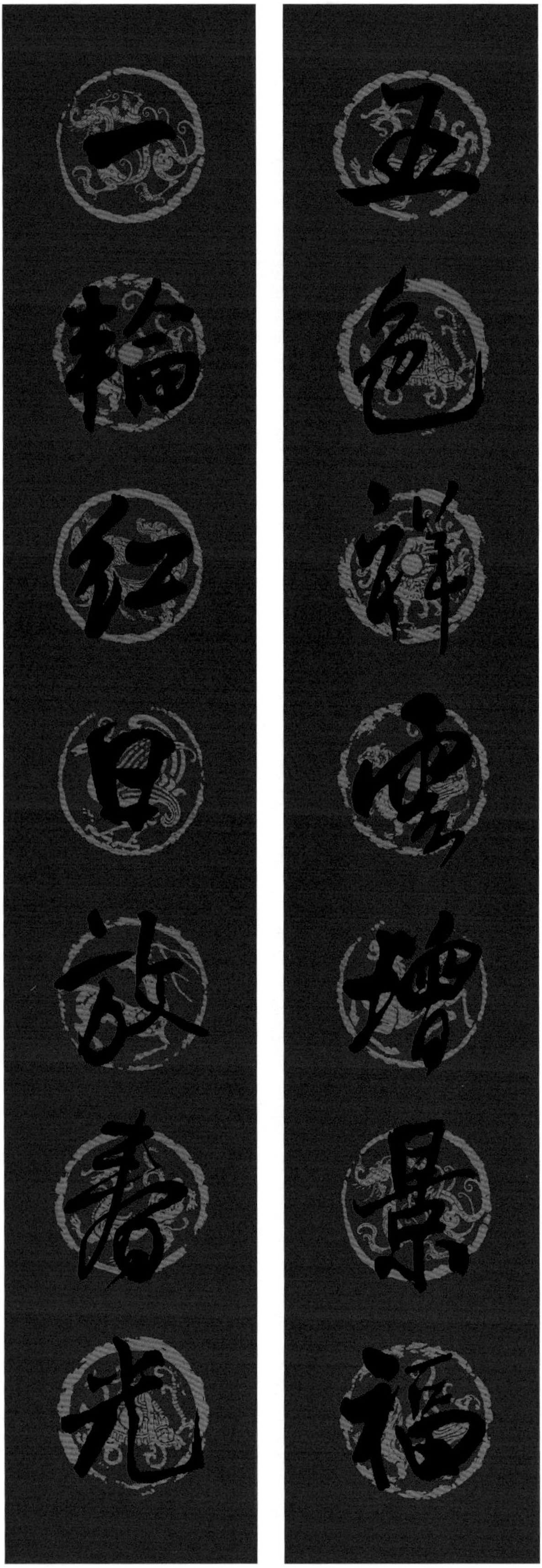

五色祥云增景福
一轮红日放春光

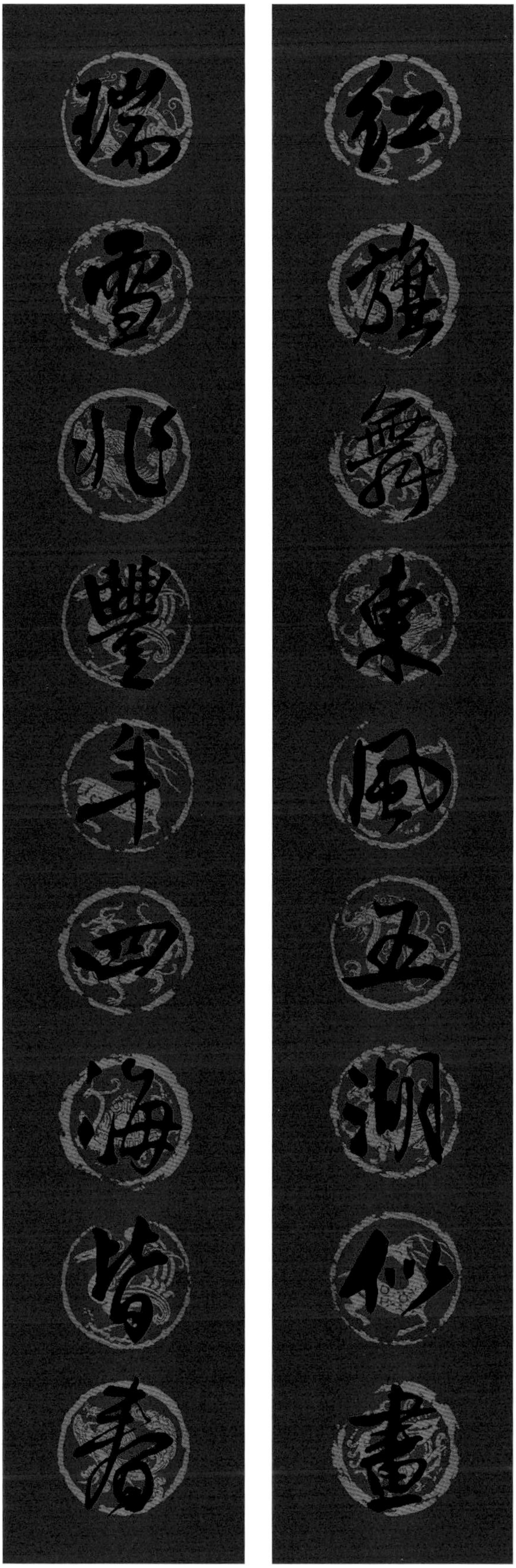

红旗舞东风五湖似画
瑞雪兆丰年四海皆春

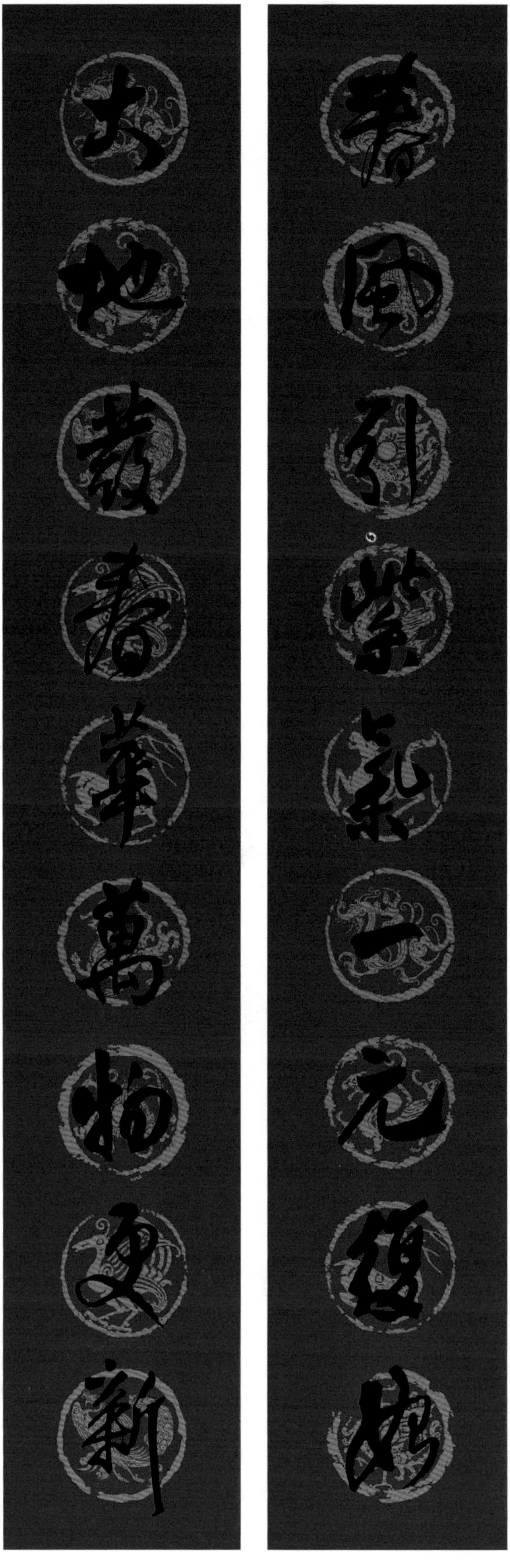

春风引紫气 一元复始
大地发春华 万物更新

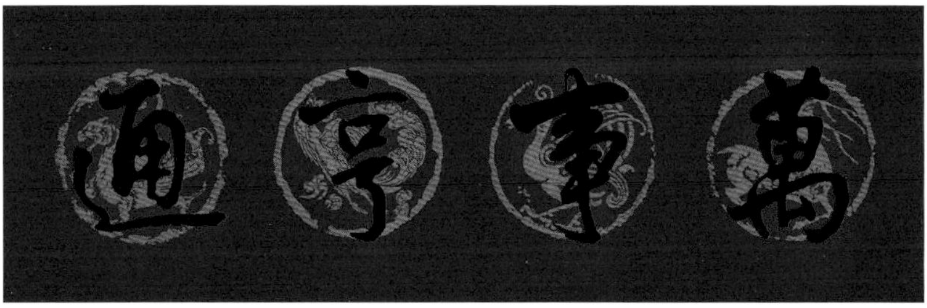

万事亨通

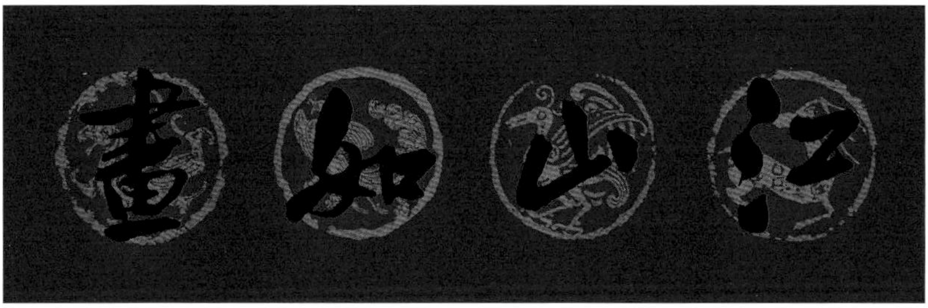

江山如画

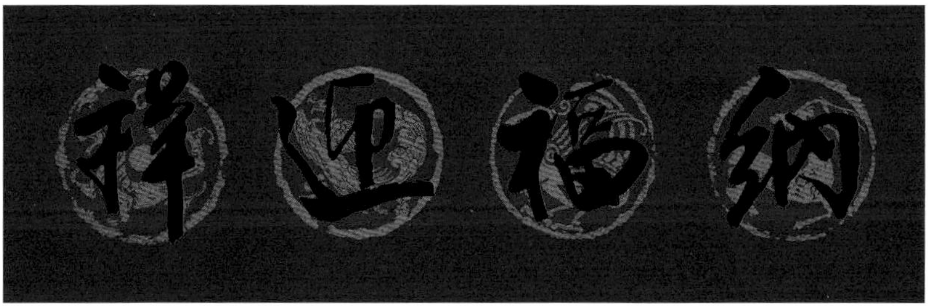

纳福迎祥

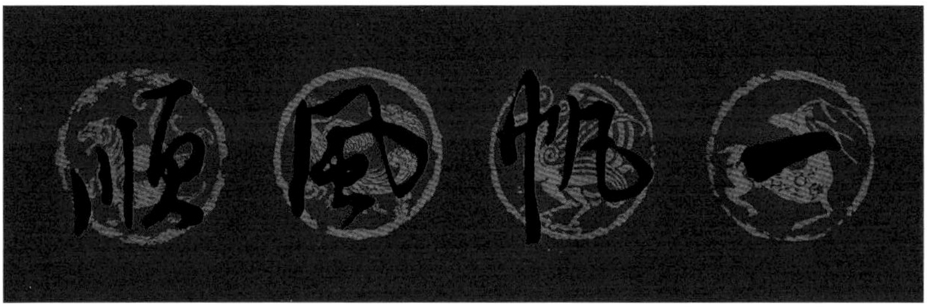

一帆风顺

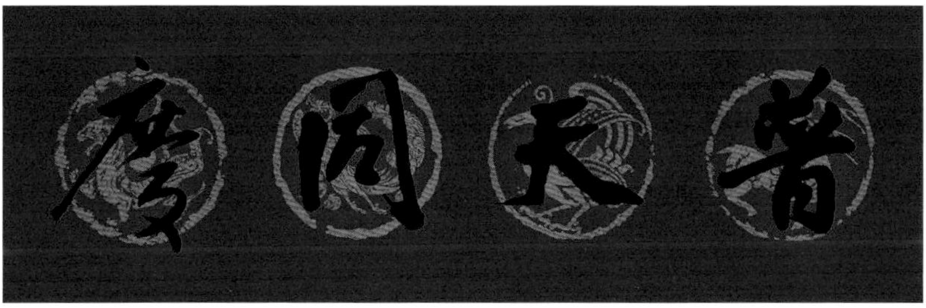

普天同庆

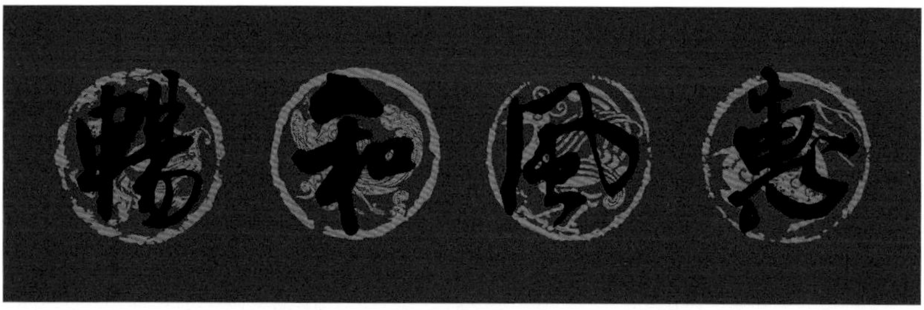

惠风和畅

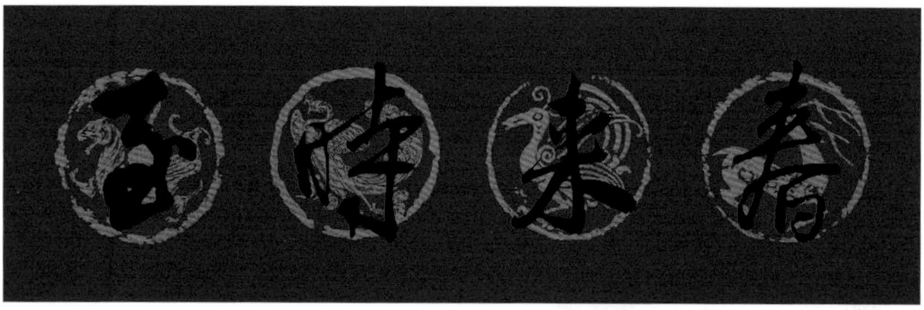

春来时至

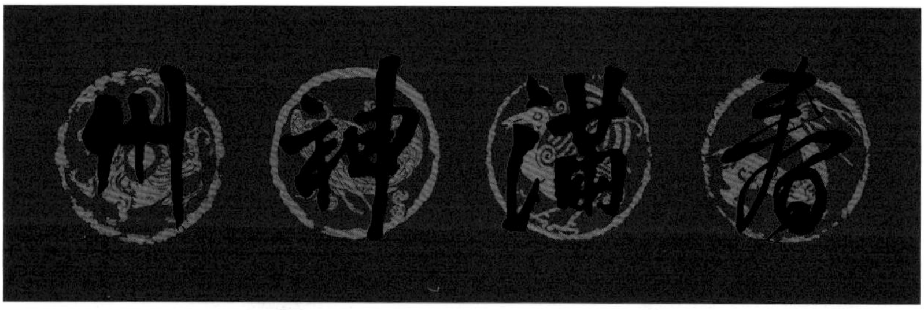

春满神州

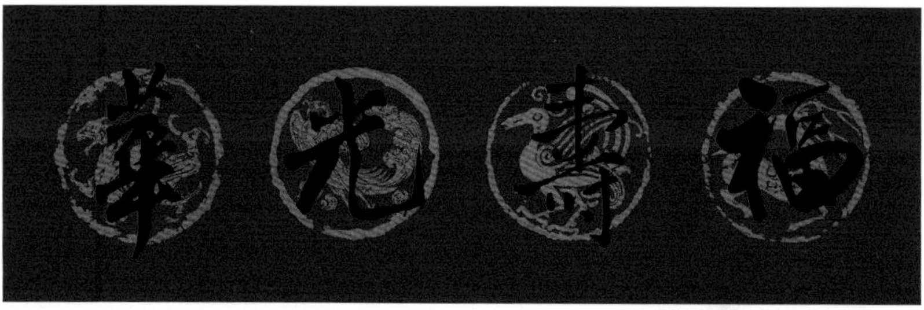

福寿光华

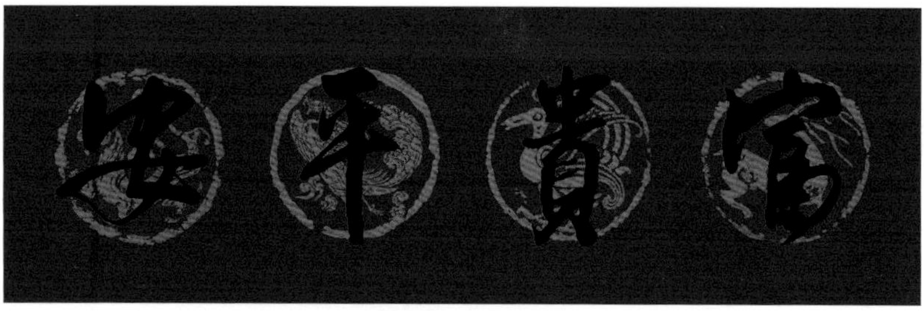

富贵平安

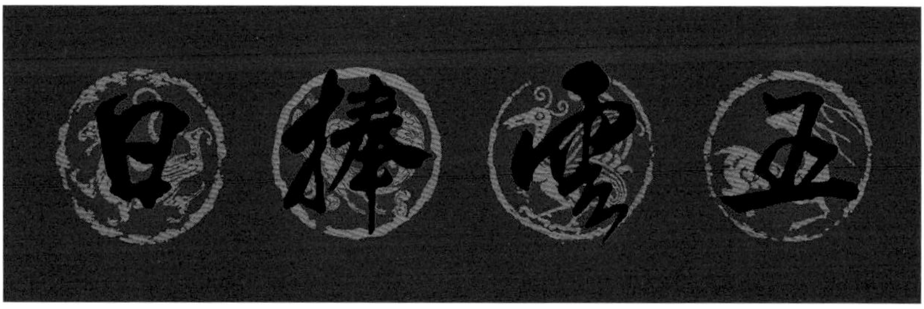

五云捧日

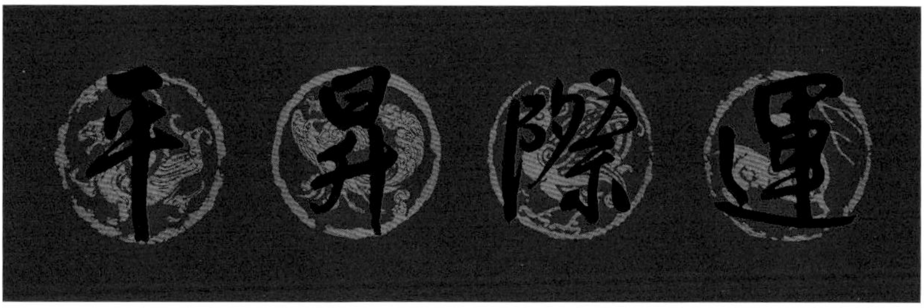

运际升平

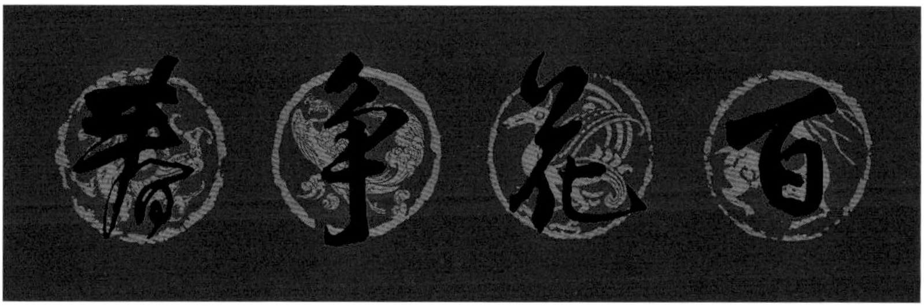

百花争春

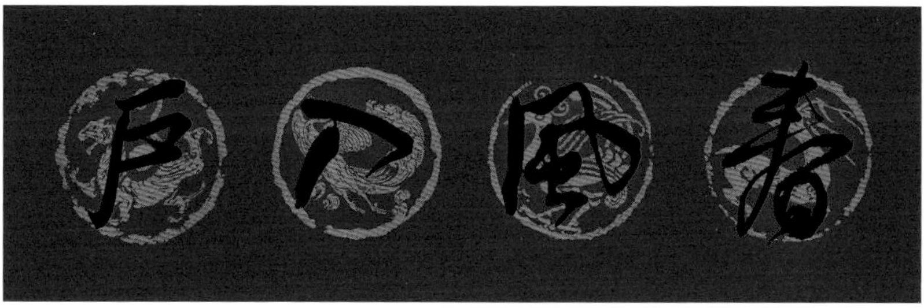

春风入户

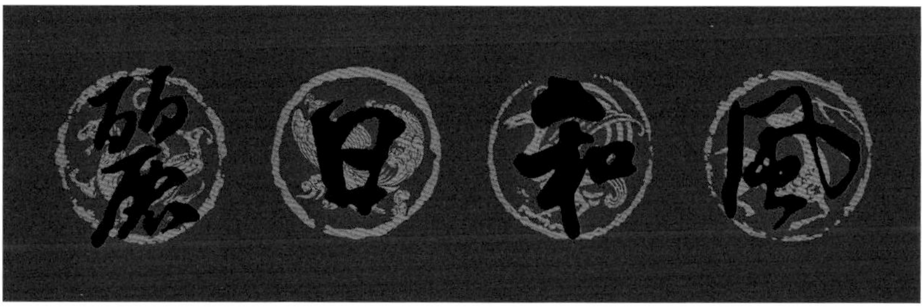

风和日丽

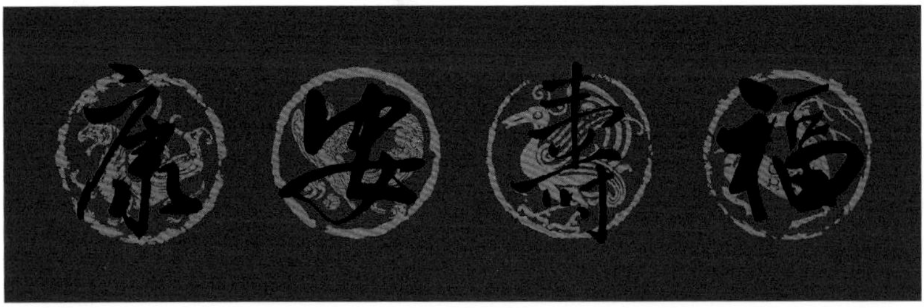

福寿安康

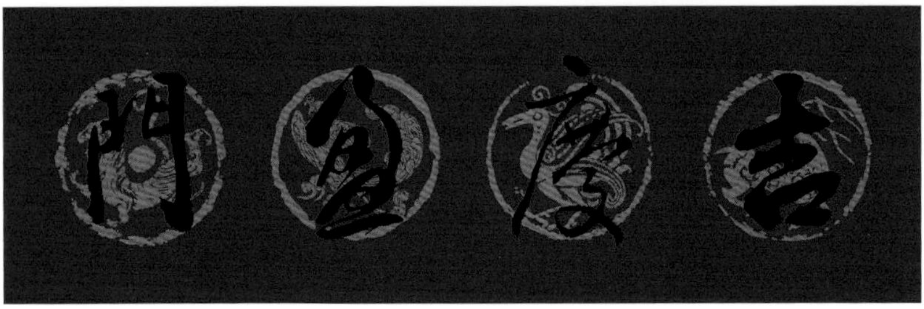

吉庆盈门

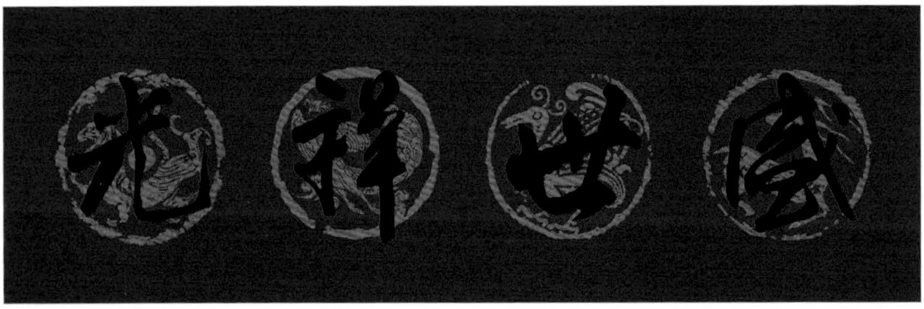

盛世祥光

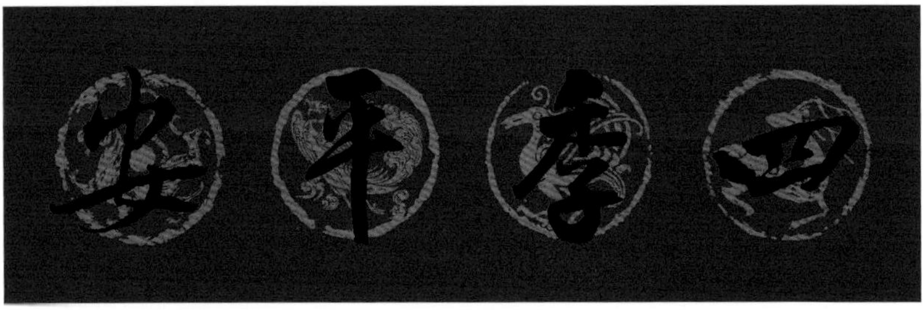

四季平安

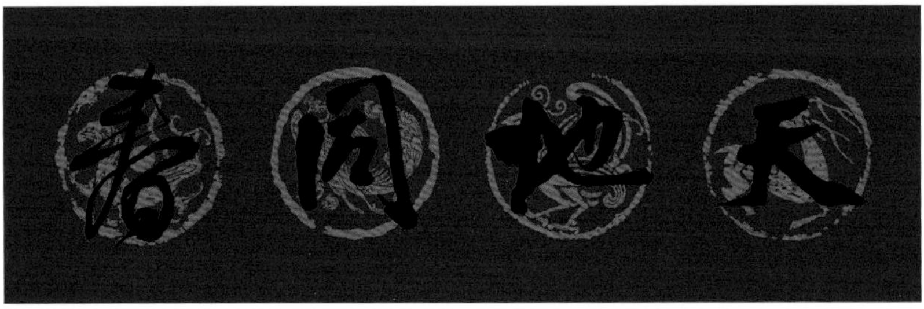

天地同春

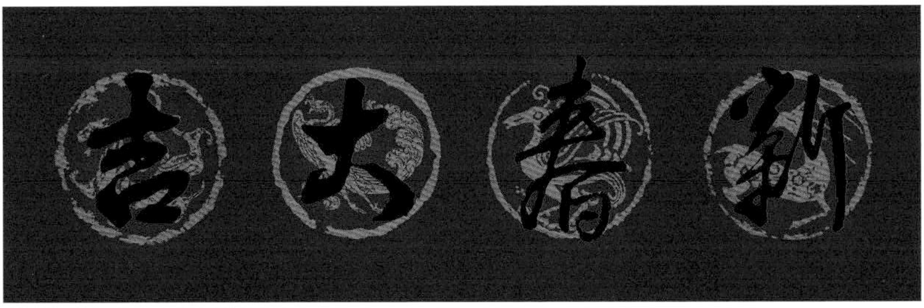

新春大吉

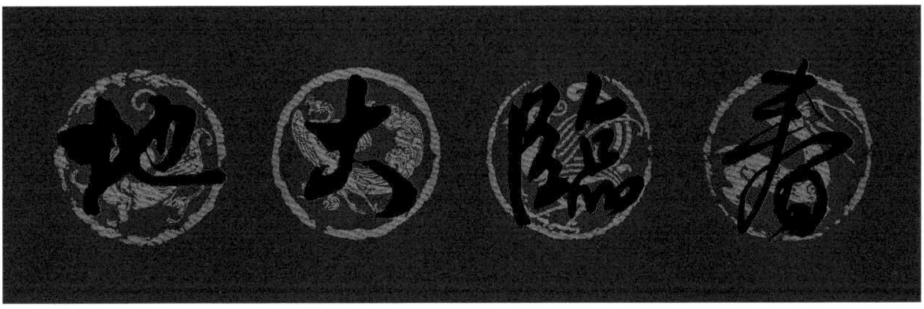

春临大地

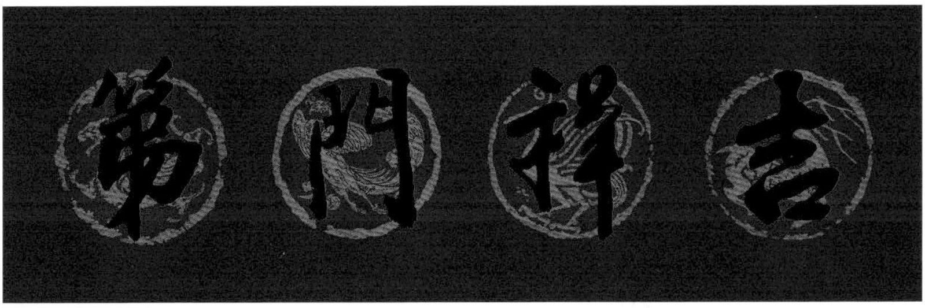

吉祥门第

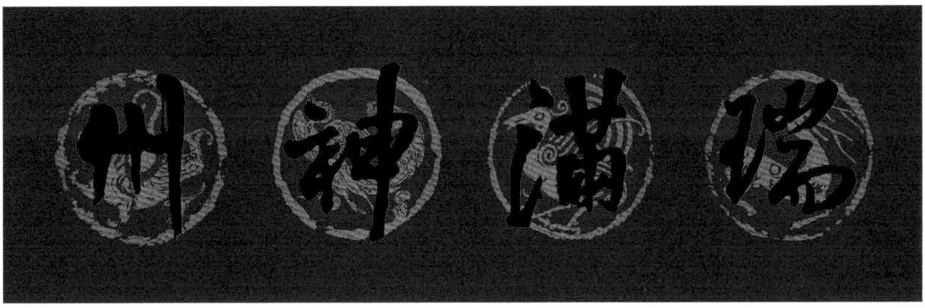

瑞满神州

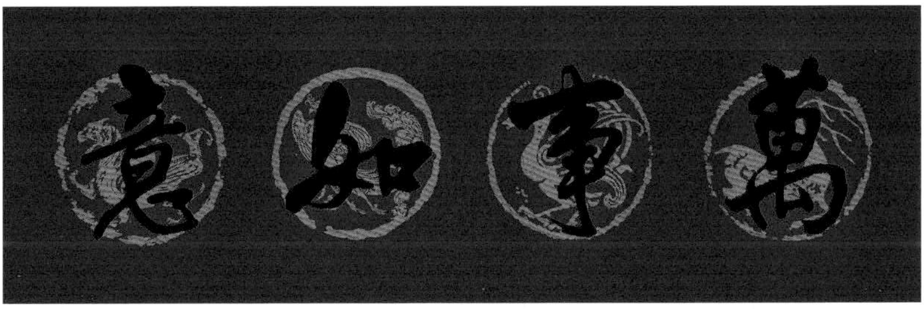

万事如意

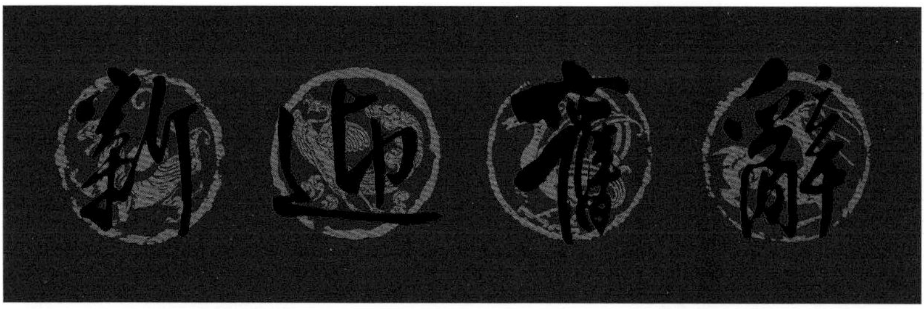

辞旧迎新

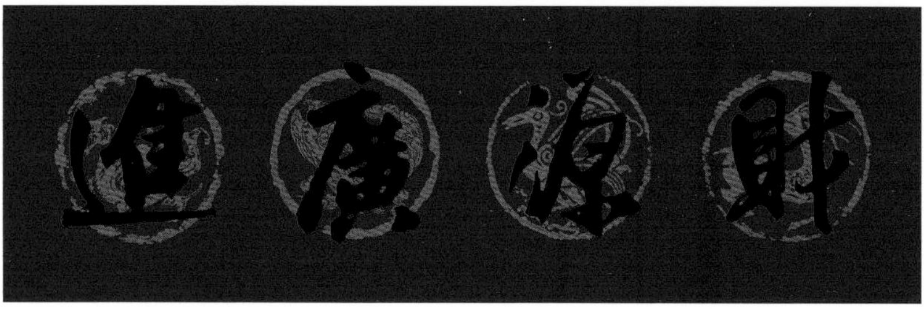

财源广进

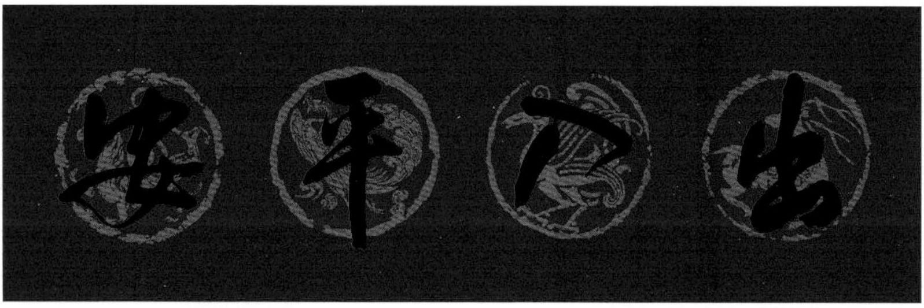

出入平安

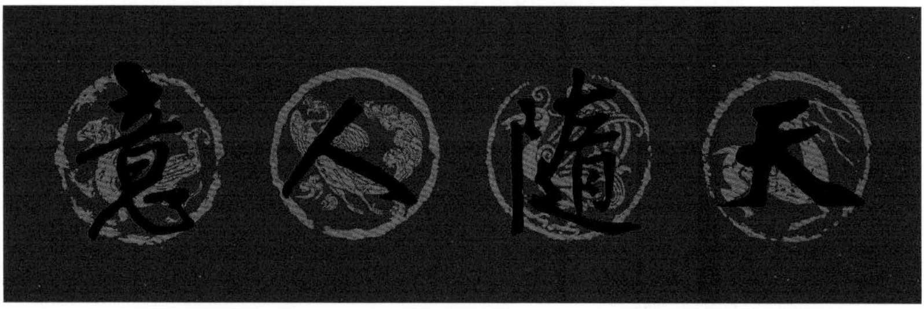

天随人意

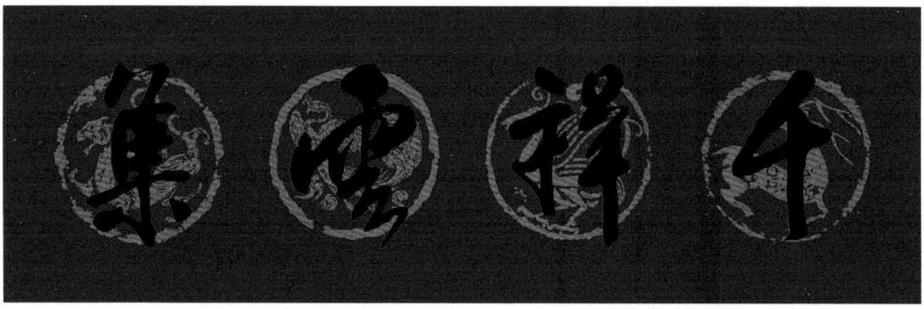

千祥云集